太極拳のゆとり

柔らかく静かに

楊 名時
Yan Ming-Shi

心も体も柔らかく

渡辺　礼輔

楊名時先生とのおつきあいは、十余年前、日本武道館に、三浦常務理事から招かれ、先生がはじめて太極拳の指導をされたその日からである。

その後、東亜学院顧問として教養を担当した際、太極拳を正課とし、楊先生をお迎えしたが、先生は三年間一日の休みもなく、炎熱の下、あるいは寒風吹きすさぶ屋上で懇切な指導をされた。世話役の私も皆勤を余儀なくされたが、その熱情には真に頭が下がった。

また、連日三十何度という酷暑の日比谷公園で、太極拳を行じ、暗黙のうちに通行人に呼びかけるという奇特な行為が、当時朝日新聞その他に報ぜられたが、真の指導者とはかくあるべしとの感を深くしたものだった。武道館でのご指導ぶりも、学校の場合と同じく、そのお話がまたすばらしかった。「流水不争先」「流水不腐」「気沈丹田」など、悠久数千年の歴史に培われた中国文化の精髄をなにげなく説かれる。そして、つねにほほえみを忘れられないそのお顔、日本空手協会師範という肩書きにみられるきびしい修業の跡を感じさせない柔らかなものごしがみごとである。

朝日カルチャーセンターに楊先生をご紹介したことを私はひそかに誇りとしているが、まさしく楊名時太極拳は、名実ともにカルチャー（教養）の名に値するものとして、根強い評価を全国的に、いや欧米にも得てきていることは、私から今さら申し上げるまでもないことである。

文部省の体育行政の重要な役割をになう（財）日本体育協会には、オリンピックに勝つための競技力向上委員会と国民すべてを健康にという願いをこめた国民スポーツ委員会の二本柱があることはご存じの方も多かろう。その国民スポーツ委員会の委員をおおせつかっている私は、かねてから体協の指導者向け雑誌その他に、太極拳・八段錦と楊先生を紹介し、全国の有識者の注意を喚起してきた。

身体はつねに「自由」でなければならないが、「怠惰」に流れてはならない。意識と動きの統一により肉体の「教養」を高めること、肉体が「輝き」を得てその「教養」を深め、心と体のバランスのとれた人間をつくること――これは、学校教育のみならず、生涯教育の場でも為政者がつねに目ざさねばならぬいちばんたいせつなことではなかろうか。

この日本の教育の欠陥を憂慮された楊先生が、十数年前から骨身を惜しまず、大学から今や幼稚園にまで太極拳を普及しておられることをご存じの方は少ないと思う。

「固さ（硬直性）は死であり、柔らかさ（柔軟性＝フレキシビリティ）は生である」とは老子の言葉だが、生き生きと、心も体も柔らかく、思いやりのある、そういう日本人が一人でも多くなること、このことこそが、これまでの経済の高度成長よりも、さらに多くの外国人の評価を高めるであろうことはまちがいない。

太極拳を通じて日中友好、そして世界平和へと、楊先生は、その大きな夢の実現に地道な努力を続けておられる。

終りに、私事で恐縮だが、剣道を修業して五十余年になる私に、このごろ、先輩や同僚から「剣道が変わった」とおほめにあずかることが多くなった。それが事実だとすれば、これはひとえに太極拳のおかげであると信じて疑わない。私は日本古来の文化的遺産である剣道は、いたずらに勝負の結果だけにこだわらず、礼節あり気品のある堂々たるものでなければならぬ、と折あるごとに新聞、雑誌に主張しつづけてきた。

楊先生が、このたび指導者向けにそういった心の問題を強調された本書を刊行されたことは時宜を得たものである。

武道を愛好する一人として指導者はもとよりあらゆる人々に一読をおすすめしたい。

（日本体育協会国民スポーツ委員会委員、剣道七段、居合道五段）

推薦のことば

山口　吉雄

楊先生の門下に入ってより、すでに六年になりますが、太極拳の魅力は尽きせぬ泉のように、新しい力で私をとらえてはなしません。

生きるうえにいちばんたいせつなことは、健康をおいてほかはありません。健康を維持するためには、自分自身を熟知したうえで、体力を養う以外にはないといえましょう。精神の修養、筋肉の鍛錬、気魂の練成、内臓の強化、いろいろと方法が多いと思いますが、私にとっては、太極拳ほど適した運動はないと思っております。楊先生とは、同学のよしみで、ご縁を結ばせていただいて以来、その寛厚な君子人のお人柄にいつも強く心を打たれております。指導される簡化太極拳も、白鶴の舞の名のように、優雅、柔軟、円滑なバランス運動の粋を見せて、自然と精神の安定と落着きを私どもに与えていきます。今日のように、毎日を多忙な社会生活に追われている我々にとって、心の安定と明日への活力を与えるいちばんよい、医療体術として、太極拳はなんともすばらしい効用を示してくれる運動です。

今度楊先生は、新しい労作を完成され、太極拳の奥儀をさらに解説してくださることになりました。私どもこの道に励む者にとってまことに喜ばしいことと存じます。

かつて楊先生が、日本に太極拳が長く伝来されなかった理由について話しておられるのを聞きましたが、今や先生の熱心なご指導により、日本国中に、太極拳愛好の波はゆきわたりつつあります。この急転めまぐるしい日本の社会情勢のなかで、より以上に静謐な、悠々として滞りのない太極拳の境地が、日本人の心の底に安らかな共感を呼び、同好の輪は急速に広がっていっております。これからの日本社会が、さらに老年化の傾向に進むのは明らかであります。これからこそが、ますます太極拳の効用を必要とすることは申すまでもありません。指導員の数も先生の念願なさる一〇〇名を越えました。五千年の歴史をもつ中国の医療体術を、本書により、さらに綿密に理解を深め、日々訓練してやまざれば、どんなにすばらしい健康的な社会が、日本の津々浦々にでき上がることでしょう。

私事ですが、私どもの会社にも楊先生のご指導で、八段綿・太極拳の同好会ができてからもう三年目になります。総勢も増えて、目に見えて健康になられた方も多数あります。がいちばんありがたいことは、やりだしたら、なかなかやめられないということです。初めは興味本位の方も、必ず週一回の会合には出て来るように自然になります。いかに現代の職場における労働に、太極拳のもつ自然の柔軟な運動と、動く禅としての精神の安定が、必要であるかの証拠がはっきりと示されています。健康な人も、体の弱い人も、一回の演舞で、じっとりと汗ばむ爽快味を忘れられないからです。老若男女、どんな健康状態の方にも適する、太極拳はなんとすばらしい柔軟体操でありますことか。流水不腐、流れる水の止まらないように長く継続して演舞を行ない、いつまでも自己を鍛えていく楽しみを、本書から汲み取ってまいろうではありませんか。

一九八〇年九月

（安田信託銀行《株》社長）

はじめに

健康こそ生活の基本である。

体の調子が悪いと、人間は消極的になる。意気も消沈して、仕事に対する情熱、ファイトも欠けていく。まさに、健康があってこその人生である。

また、健康であってはじめて健全な、ゆとりのある考えが生まれ、他人のことにも思いを馳せることができる。

だから、極論すれば、洋の東西を問わず、健康な人間が増えれば増えるほど、やがては世界の平和に通ずる道といえるのではないだろうか。

国家間においても、自分の国をよくしようとするならば、まわりの国も平和でなければならない。「自他共栄」である。そういう、健康な、心のゆとりをもつ人々が多くなってはじめて、他国のことを心配するゆとりができる。

しかし、その健康は、だまって待っていても、やってくるものではない。他人から与えられるものではなくて、自分自身つくっていくものである。「自力更生」という言葉もある。自分で、たゆまず、日々繰り返し積み重ねてこそ得られるものである。あわてず、あせらずに励むことがたいせつである。

変転きわまりない大宇宙に対し、小宇宙である人間の体も常に動かさなくてはならない。ほどよく動かすことによって、体も柔らかくなり、心も柔らかくなる。

心と体は分けて考えられない。心と体を結ぶものは呼吸である。深長呼吸法は、心を落ち着かせる。冷静に物事に対処するゆとりを与えるのである。

太極拳の太極とは、無極、宇宙という意味だが、極をつくらないという意味でもある。空手のようにきめずに、次々と技を繰り出すゆとりをもつことにも通ずる。手足が伸びきったり、どこかりきんでしまうと、極をつくることになり、体のバランスも、心のバランスも悪くなる。

体のバランス、心のバランス、食べもののバランスをとりながら、生きているかぎり、八段錦、太極拳を続けたい、と思っている。

八段錦、太極拳が、より多くの人の健康づくりと、日中友好、ひいては世界平和のために、何かのたしになれば幸いである。

私がはじめて日本で、太極拳を紹介した相手は、アジアアフリカ語学院の中国語を学ぶ学生だった。もう二〇年も前のことである。

その後、日本武道館で太極拳を指導しはじめたのは、一九六七年のことだった。毎週木曜日と金曜日の夜が稽古日で、最初の五年間は一日も休まず通った。

一九七四年、新設の朝日カルチャーセンターで指導するようになったのには、いくつかのきっかけがある。朝日カルチャーセンターでの指導は、太極拳の普及にとっても、自分自身にとっても大きな力になっただけに忘れることのできない転換であった。

一九七四年以来、朝日カルチャーセンターとは同系列の先輩格、名古屋の朝日文化センターで吉田誠三先生のご尽力により指導が始まっていたことや、一九七三年、第二回の健康と長寿の大会が、東京の朝日講堂で開かれたとき、朝日カルチャーセンターの矢野俊一常務がごらんになって、太極拳を認めてくださったことも大きい。また、私は十数年間も、アジアアフリカ語学院の教師をしていたが、そんな縁で、そこの菊地三郎院長が、朝日カルチャーセンターの高橋国樹部長に、私を推薦してくださったこと。さらには、武道館時代の太極拳教室にいちばん最初に来られた、たいせつな仲間で、朝日新聞社ＯＢの渡辺礼輔氏が、朝日カルチャーセンターの長谷川健一社長に、私を推薦してくださったことなどが挙げられる。こうして朝日カルチャーセンターで指導するようになってから、従来にもまして太極拳愛好者が増えたことを思うと、改めてご縁を開いていただいた方々に感謝したいと思う。

ここに数年、特に愛好者の数は増し、静かなブームとでもいうようなうれしい状態が続いている。

分久必合《フンチユウビフウ》
合久必分《フウチユウビフン》

ということわざがある。人間関係でも別れていたり、疎遠の状態は、長くは続かない。必ず仲よくなる。反対に、うまくいっていても、いつまでも続くわけではない。これは歴史の教えるところである。だから、今のうれしい状態が長く続くように、和合の時期をひきのばしていくように努力することが大事だと思う。

こういう時期だけに、『改訂版太極拳』『写真版太極拳』に加え、心を重視する、活字が中心の本を著わしておきたいと思い、本書を上梓する運びとなった。

毎月、名古屋の吉田誠三先生主宰の月刊誌『健康と長寿』に誌面を割いて連載した原稿が、本書のもとになっている。記して感謝申し上げたい。

また、本書には、中国広西省の篆刻・書道・竹簡書道篆刻家の帥立志師が、わざわざこの本のために彫ってくださった篆刻が多数飾ってある。

趙樸初先生の説明によると、帥立志師は、一九二四年、桂林市に生まれた。お父さんは、著名な南画家で、広西芸術学院で教えておられた帥礎堅氏。師はその二男で、三代にわたる芸術一家の名門とのこと。日本で開かれる現代中国書道展に、毛主席の詞句「独有英雄駆虎豹」を篆刻したものが入選して、東京、名古屋、北九州で展覧されたこともある。

一九八〇年五月、華国鋒総理が日本を訪問する際、特に帥立志師に北京に来てもらい、周恩来総理が京都で作られた有名な詩「雨中嵐山」を竹簡に篆刻してもらい、華総理は中国人民のみやげとして、亡くなられた日本の大平正芳首相に贈られた。これからますます前途有望の、中国の代表的な篆刻家、書道家である。

私とは、私の高校、大学を通じての親友、雷建徳氏に、帥師のご子息が学ばれ、雷氏が帥師に私の著書を贈られたのがご縁である。中国の貴重な文化遺産であり、芸術である太極拳を日本に紹介する私の本の出版を心から祝って、貴重な印形を多数彫ってくださったことに深く感謝する次第である。

上海の顧留馨先生から太極拳に関する覚書をいただいたご恩も忘れられない。

本書出版にご尽力くださった文化出版局の方々、特に中野完二氏にお礼を申し上げたい。中野氏のご協力を得てはじめてこの本が生まれた。

一九八〇年錦秋

楊　名時

本書が増刷されるのを機会に、内容の一部をさしかえて、第二版とすることにした。楊名時太極拳を支える理論編、心を説いた本として長く読みつがれていってほしいと願っている。

一九八七年朱夏

楊　名時

太極拳のゆとり　目次

1986年６月，李天驥先生(左)を日本にご招待した著者(右)

篆刻　「楊名時大師太極拳著作摘句篆刻」
中国広西篆刻家・帥立志作

鑑真和上

帥立志師篆刻「彼不動，我不動，
彼欲動，我先動」

鑑真和上像の招請

私は、一九七八年七月十一日から八月二日までの三週間、中国側のお招きを受け、親友の韓慶愈先生と、三四年ぶりに祖国中国を旅してきた。

四〇度を越えるような暑さの中を、三週間で北京、太原、大寨、西安、南京、揚州、上海と七つの都市を訪ねるという強行軍だったが、祖国の国づくりに励む熱心な姿をまのあたりにし、祖国の心づくしの歓待を受け、たいへん感激した。最初からずっとつききりの接待、ゆきとどいた案内を受け、身にあまるほどの光栄と思った。

旅行のおみやげ話といってもあまりにも多すぎるし、まとまりがつかないので、ここでは、揚州を訪れたときのことを記そう。

六度目に渡来した鑑真和上

揚州といえば、すぐに思い浮かべるのは、鑑真和上のことであろう。

ここで、鑑真和上のことを、『人民中国』の一九七六年二月号の記事から引用させていただく。

鑑真和上は揚州県の人で、六八八年に生まれた。一四歳のとき揚州の大雲寺で出家し、のち律宗大師になり、揚州の大明寺で律を講じた。

唐玄宗の開元二十一年（七三三）、日本僧の栄叡や普照らは、第十次遣唐使団に加わり、中国に遊学した。天宝元年（七四二）、栄叡、普照らは揚州を訪れ、鑑真に日本へ渡って戒律を伝授するよう懇請した。鑑真はすでに五五歳であったが、日本は〝仏法興隆に有縁の国〟と考え、欣然として招きに応じ、船や食糧の準備にとりかかった。翌年、準備をととのえた鑑真一行は三月に渡ろうとした。ところがこれは、さまざまな人為的な妨害によって未然に終わった。鑑真はすこしもくじけず、東渡の準備をひきつづきすすめた。同年の十二月、鑑真は弟子十数人と絵師、玉匠ら百数人を率いてふたたび東渡をくわだてたが、風浪で船が破損したため、やむなく引き返した。しかし、鑑真の意志はいささかも変わらず、三回、四回と東渡を試みた。が、惜しいことにいずれも成功しなかった。

七四八年、鑑真和上は栄叡、普照らと五回目の東渡をはかった。船は海上で、またもや激しい風波にみまわれた。海上で一四昼夜たたかった鑑真らは、やっとのことで海南島の南部に漂着した。五回目の東渡も失敗に終わった。海南島から揚州に帰る途中、鑑真に同行していた栄叡は、長旅の労苦がたたり、端州（いまの広東省肇慶市）で病死した。鑑真自身もひどい暑熱で眼病にかかり、両眼とも失明してしまった。五回の東渡をくわだてた七四三年から七四八年の間に、中日双方合わせて三六人がその命を失った。

揚州の大明寺を訪れた著者

日本の天平勝宝四年（七五二）、第十一次遣唐使団を率いて中国に入った藤原清河は、揚州に赴いて鑑真を訪ね、戒律伝授のために日本に渡るよう重ねて要請した。鑑真は両眼を失明した、六五歳の身をもって、決然として六回目の東渡の準備をすすめた。翌年の冬、かれは揚州白塔寺の僧で弟子でもある法進《ほっしん》や南アジア、西アジアの僧二十数人を率い、藤原清河、阿部仲麻呂らといっしょに揚州を発った。鑑真らが乗ったのは遣唐使団の第二船だったが、船は海上でまたしてもあらしにあい、藤原清河、阿部仲麻呂らの船と離ればなれになってしまった。その後、藤原清河、阿部仲麻呂らは南海を漂流したが、鑑真の乗った船は、辛酸をなめつくしたすえ、七五三年の暮れついに日本の九州にたどり着いた。

長い引用になったが、鑑真和上とその弟子たちが、その後日本で、中日両国の仏教交流に大きな寄与をしただけでなく、建築、彫刻、文学、医学など文化全般の交流にも力をつくしたのは、ご存じのとおりである。完成間もない東大寺に戒壇を設け、南都六宗の一つ律宗を立て奈良の唐招提寺を開いたことは名高い。

黄玉製の鑑真和上像との出会い

その鑑真和上が住職をされた揚州の大明寺（清の乾隆時代に、大明寺を法浄寺にし、一九八〇年また大明寺に戻った）を訪ねた。現在の住職にもお目にかかった。

ちょうど、五月に万福寺、唐招提寺を太極拳の仲間といっしょに訪れたが、大明寺の現住職も来日され、関西に行かれている。もちろん、唐招提寺を訪ねられている。そのとき感激したことや、清水寺の一〇〇歳を越える大西良慶管長が駅まで見送りに来てくださり、たいへん感銘を受けたなどのお話を伺った。このご住職は、七九歳とのことだった。

一九六三年、鑑真和上逝去千二百周年にあたって、法浄寺には鑑真記念堂が建てられた。郭沫若氏は「鑑真和上円寂千二百年記念」と題する詩を詠まれた。鑑真和上の像に接し、郭沫若氏筆の碑の前に立つと、不屈の意志をもって東海の風浪を冒し、中日友情のかけ橋となった鑑真和上のお人柄、偉さがしのばれた。

「舎己為人伝道芸」

と、郭沫若氏の詩の中にある。「己を舎《す》て人の為に道芸を伝う」ということであろうか。

揚州はまた、玉の工芸で有名なところである。市内には玉器工場と漆器工場がある。玉器工場に案内されたとき、玉製のすばらしい鑑真和上の坐像が三体ほど飾られていた。

鳥や花などは、器用な若い人なら彫れるが、鑑真和上のような歴史的大人物は、老職人でないと、その人間的雰囲気は出せない。日本でいうと人間国宝クラスの人でないと出せない。解放直後は十五、六人だったのが、現在では四〇〇～五〇〇人の職人さんがいるというが、こうした像を彫れる三〇年以上のキャリアをもつ職人さんは二人しかいないという。そういう人が三か月も四か月もかけて彫ったものだそうだ。

著者が招請した鑑真和上像

　四人組粉砕前は、仏教関係のものは自由に彫れなかったというから、なおさら貴重なものだ。どうしても欲しくなった。
　三体のうち、石の色、表情、全体的

な雰囲気など、いろいろな意味で傑作であろうという一体を、譲ってもらえないかと話したら、特別にとりはからって譲っていただけることになった。

玉は黄玉。産地は新疆のマラス。高さは二十二、三センチぐらいでたいへんな重さだ。少ない貴重な黄玉に加えて、三十数年のキャリアをもつ老芸術家が、深い心をこめて彫り上げたものだ。しかも、揚州以外では絶対に得られない。この像をたいせつに持ち帰った。というよりも日本に「招請」したというほうがいいだろう。家宝というよりも太極拳の心の守り本尊にしていきたい。太極拳の中に鑑真和上の心を生かしたい。日中文化交流に命をかけた強い信念を学びたい、と思う。

具体的な像があるということは、太極拳に対する励みの形になってあらわれてくるのではないか。

翌年の八段錦・太極拳友好会の第五回総会のときに、この像を皆さまにお目にかけた。

唐招提寺坐像のお里帰り

ところで、一九七八年十月、日中平和友好条約批准書交換などを終えて、関西入りした中国の鄧小平副首相兼副主席は、唐招提寺を訪れ、同寺の森本孝順長老（七五歳）の意向を受け、千二百余年ぶりに鑑真和上のお里帰りが実現することになった、と十月二十九日の新聞は報じていた。

天平宝字七年（七六三）に和上が没する直前に弟子たちによってつくられたと伝えられ、「等身大の脱活乾漆づくりで、リアルな肖像彫刻としては一級のもの」という国宝・鑑真和上坐像は、一九七七年春にパリで公開されて好評だったというが、来日して一度も帰られることなく亡くなられた鑑真

1978年５月，唐招提寺御影堂前で

和上を、なんとしても里帰りさせようと、森本長老は願ってこられたそうだ。昭和三十八年、鑑真和上のために御影堂を建てたころからの執念という。

「鄧副首相と廖承志中日友好協会会長は『和上像と森本長老を中国にお迎えします』とこたえた。その瞬間、長老は、副首相に抱きつき、境内に響きわたるような大声で、『ありがとうございます』と叫んだ」

と「朝日新聞」は報じていた。

まことに感激的なうれしい話である。

森本長老の話では、

「訪中することになれば、二か月間は滞在したい。まず和上の生地・揚州の大明寺に像を安置して法要する。奈良市の友好都市、西安や首都・北京などへも和上をお連れしたい」

とのことだから、中国の人たちも改めて大先輩・鑑真和上に対する関心を寄せ、中日の文化交流に命をかけた鑑真和上像に接して、心をうたれるにちがいない。

フランスでも、像の前に来ると自然と頭を下げていく人が多かったという。まして、望郷千二百年以上にもわたるお里帰りの像に接するなら、中国の人たちにどんなに感銘を与えることであろうか。

偶然のことながら、私が三十数年ぶりに帰国して黄玉製の鑑真和上像をお連れ申したことと、唐招提寺の鑑真和上像のお里帰りのニュースが重なった。喜びはいっそう大きくなった。

千載一遇の盛挙

一九八〇年五月四日付「人民日報」は、「千載一遇の盛挙――鑑真大師像里帰り巡回展を祝賀する」と題する社説を発表した。

中国で鑑真和上像がいかに歓迎されたかは、テレビや新聞雑誌で知らされたが、また、記念切手の発行や、研究書の発行、各種展覧会の開催など相ついで、まさに熱烈歓迎だったようだ。『出版ニュース』八〇年八月下旬号によれば、和上像の里帰りした時点にむけて中国で刊行された「鑑真」ものには次のようなものがある。

『鑑真』 許鳳儀・朱福烓・姚国定共著。その生涯と日中友好交流に残した偉業を紹介する一般教養書で、地元の江蘇人民出版社が一九七九年五月、四万五千部出版。

『唐大和上東征伝』 原著者は真人開元(淡海三船)で紀元七七九年刊。一九七九年八月中華書局『中外交通史籍叢刊』の一書として、解説・資料を付した汪向栄氏(戦前日本に留学)の校勘注釈本を出版。

『鑑真』 汪向栄著。当時の両国階級社会と仏教との関係にも焦点をあてた労作でユニークな学術研究書。吉林人民出版社『社会科学戦線叢書』の一つとして一九七九年十月に出版。

『鑑真』吾聞編。関係文化財を歴史的に編集した写真集で、この分野では専門の文物出版社が一九八〇年二月出版。

『天平之甍』井上靖著。楼適夷訳（中央公論社、一九七七年新版）。人民文学出版社が一九八〇年二月新版、二万部。

『東渡使者』姚江浜著。鑑真の生涯と業績を物語る長編叙事詩で、天津の百花文芸出版社が一九八〇年三月出版。

『鑑真東渡』張慰豊・耿鑑庭編著。一般教養知識読物で、中華書局『中国歴史小叢書』の一つとして、一九八〇年三月に出版。

いずれも古代日中両国友好交流史の今日的意義を反映した記念出版の性格を合わせもつとのことだが、汪向栄著の『鑑真』は、一九八〇年六月に今枝二郎氏の訳により、五月書房より翻訳出版された。

そんな鑑真熱のなかで、「人民日報」の社説を、中国側の心情を総括するものとして、長いが引用しておきたい。

中国両国人民の深いよしみを凝集した鑑真大師の像は、日本の政府、文化界、仏教界の支持と援助により、四月十三日里帰りし巡回展に入り、鑑真の故郷揚州での展示のあと、きょう北京で盛大なテープカットの式典を挙行し、首都人民の拝観に供されようとしている。日本人民が心をこめて守護し供奉すること千二百余年に及ぶ鑑真大師像のこのたびの里帰り巡回展は、単に仏教史上の盛事であるだけでなく、中日文化交流と両国人民の友好発展史上の深い意味のある盛挙である。

中日両国人民友好往来の歴史の大河において、鑑真大師は大きな貢献をした、永遠に記念すべき高僧である。周知のとおり、わが国の盛唐時期は経済が発達し、政局が安定し、文化・芸術が栄え、未曾有の中外文化交流の盛況が現れた。とりわけ地理的に近い日本は、盛んに使節、留学生を当時の長安に派遣し、唐の文化を研究し吸収した。日本の栄叡、普照両僧の請いに応じ、有名な律学の大師、揚州大明寺の住職鑑真は決然として日本へ渡った。鑑真大師は日本へ着いてから、日本の朝野、僧俗から温かい歓迎をうけた。日本の朝廷は鑑真に伝律授戒の権をゆだねた。彼は日本の授戒制度を確立し、日本律宗の開祖となった。彼は日本で仏教を伝播したほか、積極的に中国の文学、医薬、彫刻、絵画、建築を紹介し、日本の奈良天平時代の宗教、文化の発展にすぐれた寄与をした。

今日、新しい歴史的条件下に、中日両国人民の各分野の交流と協力は全く新しい局面を切り開きつつある。千余年前、中日両国の科学・文化面の相互交流・学習があれほど密接だった以上、中日平和友好条約が結ばれた条件下に、経済、文化、科学技術などを含む中日両国の友好協力が、独立自主、互恵平等を踏まえ、新たな広がりと深さで発展を続け、両国人民に幸福をもたらし、東方の文明は新たな寄与をするだろうことを、我々は完全に予想することができる。

鑑真大師はその昔、「法のため身命を惜しまぬ」献身的精神で日本へ赴いた。彼は惨苦をなめ、六回の東渡行に五回失敗してくじけず、十一年余を経て両眼失明しながらついに心願をとげたのである。「大海千層の波を踏破」する確固たる信念に燃え、あらゆる苦難、妨害、障害を乗りこえ、自らの使命を全うした鑑真大師と日本僧の精神を、我々はいっそう奮い起こすとともに、これに学ばなければならない。

日本人民は鑑真大師に対する敬意から、千年余にわたり、唐招提寺とその所蔵する古代芸術作品を完璧に保護してきた。日本政府は鑑真の脱活乾漆像を国宝に指定し、後世人の拝観、観賞に供している。文化財を尊重するこういう態度は尊敬するに値する。同時にそれは、日本人民の中国人民への友好的な感情を示しており、まことに貴重である。我々は日本人民に心から感謝する。

中日両国友好の大いなる建物は、鑑真大師坐像の里帰り巡回展により、新たな麗しい瑠璃瓦を添えた。わが国の華国鋒総理は大平首相の招きにより、ツツジ咲く五月の日本を訪れようとしている。中日両国人民のますます盛んな友好往来を通じ、両国の相互理解と信頼はいよいよ深まり、いっそう確固とした長期的な友好協力関係を確立し、アジアと世界の平和と安全にしかるべき貢献をするだろうことを、我々は確信している。

鑑真和上像の中国展は、中国の仏教界を立ち直らせることにもなっているようだ。

揚州剪紙「鑑真大和尚第二第三次東渡失敗」

中国の仏教界は、文化大革命中、批判の対象となり、各地で寺院が破壊され、僧は寺から追放されるなどした、という。しかし、四人組追放後は、宗教政策が見直され、仏教もしだいに復興しているとか。鑑真和上像中国展が開かれたのも、ちょうどこの時期にあたっている。

展覧会の受け入れは中国仏教協会が中心であった。その中国仏教界の最高指導者で、鑑真和上像中国展歓迎委員会主任委員を務めた趙樸初・中国仏教協会代理会長にインタビューした記事が、一九八〇年五月二十八日付「朝日新聞」夕刊に出ていた（インタビューアーは岸根一正・前特派員）。

揚州の大明寺は、仏教協会が直接指示して修復し、修理費は日本円で約二億円かかったという。これらの修理費は、仏教徒が供養したお金と、仏教協会を通じて政府から援助されたものを合わせて充当してきたこと、また、今回の鑑真和上像の帰国のとき、上海や北京空港などにたくさんの僧が迎えに出たが、こんな光景は文革後初めてのことだなど興味深い話のあとで、次のように鑑真和上像中国展の評価、中国の人たちへの影響が述べられて結ばれている。

この展覧会は中国人民に大きな関心と感動を与えました。これは千二百年前の状況と無関係ではありません。鑑真和上が日本へ渡ったのは、当時の日中間の時代的要請があったためです。今回も、時代の要請によって実現しました。

文革中でも鑑真和上に対する評価は動揺しませんでした。その証拠に中国歴史博物館には鑑真和上の写真がずっと展示されていました。また、揚州の大明寺には記念堂を建てることもできました。四人組も鑑真の偉大さを踏みにじることはできなかったのです。

我為人人

健康即幸福ではないかもしれない。が、健康がなければ幸福はない。

私は、ふだんの稽古のときに、仲間の健康、幸福を願いながら、みんなといっしょに稽古している。自分が願うだけでなくて、いっしょに稽古する仲間にも、みんなの健康、幸福を願ってほしいとお願いしている。

ここに一体感が出てくる。みんなと一体となって稽古するのである。人と人との間の、目に見えない壁、しきりがとれてくる。体をかたくし、気持をかたくする壁がとり除かれると、大きなのびのびとした稽古ができる。

みんなの健康、幸せを願いながら動くことは、結果的には、自分の健康、幸せにもつながると信じているからである。

それに、窮屈でない。気持がおおらかになる。

他人を思いやる、ゆとりのある心をもつこと、心を豊かにもつことは、それ自体健康法である。

柔道の嘉納治五郎先生は「自他共栄」と言われたが、これは、武道だけでなく、すべてのことに共通することではなかろうか。人間と人間、国と国とも自他共栄の精神がなければ、スムーズでなく、平和でありえない。おれがおれが、とりきんでいては、疲れてしまうし、物事は決してうまく運ばない。自分の都合ばかり考えて、私利私欲をむさぼり、他人をおしのけてまで出世しよう、金もうけしようとするなら、「流水不争先」でなくて、「争先」ということになる。

太極拳は、とうとうと流れる長江の水のように、ゆったりと、各自の体調に合わせて、あせることなく、毎日続けて練習することがたいせつだが、同時に、自他共栄の気持がなければならないことを強調したいのである。

武術は勝ち負けをいうが、多くの人と生きること、己に勝ち、自分の健康を害するものと闘って、他の多くの人々とともに楽しく生きることこそ、さらに大きな意味をもつのではなかろうか。

小宇宙である人間の体を、大宇宙と一体化する。仲よくして、自然に逆らわない。

このことは、太極拳の要でもあるが、人生哲学でもある。

大宇宙が日々動いているのと同様に、小宇宙である人間も、この世にあるかぎりは、毎日一度は体を動かさなければならない。その日のうちに、その日の疲れは必ずとり除くこと。今日の疲れを残して、それがだんだんたまっていくと、必ず体の弱いところにあらわれてくる。お金はためてもいいが、疲労は蓄積してはいけない。

健康は、総合的なものだから、心のバランス、体のバランス、食べ物のバランスをとることのたいせつさは、つねづね申し上げていることだが、心と体は一つだし、ほどよく体を動かし、食べ物に気をつければ、病気を予防し、治療することができるのである。人間が本来もっている自然治癒力、宝物を活用しなければならない。

ところで、禅の山田無門先生からいただいた本の中に、先生が中国でごらんになって感銘深かった言葉として、

我為人人、

人人為我。

を挙げておられたが、この言葉は、私も大好きな言葉で、「自他共栄」にも通ずるのではないかと思う。

「我為人人《ウオウウエイレンレン》」は、文字どおり、私は人人のために役立つということだが、裏には、結果的には、みんなも私を大事にしてくれるという意味が含まれている。しかし、まず、みんなのために、自分が奉仕することが必要である。先に結果を求めず、努力することである。花咲くことを先に望んではならないが、種をまけるときは種をまくことである。

そんな意味で、対句の後半は不要ともいえる。「我為人人」だけでいい。また、中国でも、日本でも、かつては横書きのときは、右から左へ書いた。左から「我為人人」と書いても、右から読めば、「人人為我」である。一つの句で、対になる読み方ができ、意味が読みとれるのである。そのために

は、日本で漢字が重なるときに「々」を使うが、「々」を使うと、反対から読めなくなるから、この場合は「々」を使ってはいけない。

とにかく、自分だけよくなるのでなく、全体がよくなれば、自分もその一員だから、自分にも反映する。世の中を明るくする、よくする、日本をよくする、ひいては、世界のために役立つことが、結果として自分に帰ってくる。

八段錦・太極拳を通じて、人のために奉仕し、人の健康づくりに役立ちながら、自分の健康づくりにもなっていることをありがたいことだと思う。

「我為人人」は、鑑真和上のお心でもある、と思う。

ところで、名古屋の朝日文化センターの教室では、奥伝、指導員も数多く育ち、栄教室、柳橋教室合同の合宿練成会を開いたり、両教室合同の懇親とPRを兼ねた屋外稽古を、毎月第二日曜日に、その名も鶴の舞にふさわしい鶴舞公園で開いているなど、なかなか活発である。

五月三日の憲法記念日には、日中健康センターの治療奉仕に、今回も参加して、高橋喜代次氏ほか四名の方が、名古屋市守山区の養護老人ホーム・尾張荘に出向いて、東洋医学のお話や、中国針灸による治療奉仕の方々とともに、太極拳の実演と指導をした。この模様は、翌五月四日の「中日新聞」の朝刊に紹介され、三日夕の東海テレビ、名古屋テレビのニュースの時間に放映されたという。

「中日新聞」には、「力を抜きゆっくりと円を描き流れるように進められる太極拳も、お年寄りには大好評だった」とあった。

高橋喜代次氏は、七七歳で、まもなく七八歳になられるという方である。長い間、電電公社に勤務され、要職を歴任された人だから、今は、言ってみれば悠々自適といったところだが、家に閉じこもっているのではなく、もう何年も熱心に太極拳を友としておられる。おそらく、老人ホームへ行っても、自分より若いお年寄りも多いのではなかろうか。同年配の人にしても、あのお年の人が、元気に、あんなに体を動かすことができるのだから、自分も努力すれば……、自分もがんばらなくちゃ……という気持にさせたのではなかろうか。これは、若い人ではできない。年輪を重ねた人しかできない役柄である。

「この年になって、同年配の人のお役に立つことができて、うれしい」

と、高橋氏は言われる。

これこそ、「我為人人」の好例である。人のためにつくして、自分でも喜びを得ておられる。人間はそれぞれのよさがある。そのよさをもって、いろいろの角度から努力するからこそ、太極拳も、ますます愛好者を増やし、その輪を大きくしているのではなかろうか。

太極拳の教室は、教室もいいけれど、太極拳を学ぶ仲間もいいから、教室が満員になる。人と人との和の大事なところだろうと思う。

いい仲間と、いっしょの願いをこめて稽古したあとのすがすがしさは、稽古した者しか味わえない。

理屈じゃない。稽古したあとは、体を通して、いろいろなことを学ぶこともできる。知恵もわいてくる。

この世にいるかぎりは、毎日一回は自分で自分の体を動かすことだと思う。

第五回総会の会場の学士会館へ黄玉製の鑑真和上の像をお連れ申し上げて、皆さまにご紹介したというのも、「我為人人」というような、心の豊かな、ゆとりのある心を、太極拳の心にしたい、してほしいと願ったからである。鑑真和上の心に接して、その心を太極拳に生かしたいと思う。心を伴わないと、物事はぎくしゃくするものである。安定しないのである。

すばらしかった中国の旅

一九八〇年三月、日本交通公社主催、八段錦・太極拳友好会共催で「楊先生と中国太極拳の旅」という訪中団が組織され、団長として、中国を旅してきた。

三月二十三日、太極拳による中国訪問友好の旅、出発の日だが、前日の二十二日の午後から大きな雪が降り出し、かなり積もる様子だったので、一時は明日の早朝の集合時間までに集まるのに交通の妨げになるのではないかと気をもんでいた。が、どうやら夜半、雪が降りやみ、早朝集合の時間に、全員集まることができ、やっと胸をなでおろした感じだった。

渡辺礼輔先生がわざわざ箱崎の国際エアシティターミナルまで送りに来てくださったので、仲間の友情を心からうれしく思った。

今回の八日間の旅行をまとめて申し上げれば、とてもすばらしかったの一言につきる。

まず、上海の上海体育協会で、一九七九年の十一月の下旬に上海武術協会で交流をした先生方とほとんど同じメンバーと交流した。顧留馨《こりゅうけい》会長、傅鍾文《ふしょうぶん》副会長、邵善康《しょうぜんこう》副会長兼秘書長の諸先生はじめ皆出席され、交流の積み重ねもあったことで、お互いにいっそううちとけて交流することができた。

諸先生の演武と顧会長の懇切ていねいな太極拳についてのお話を承り、私たちのほうも、若い指導者の新渡戸道子さんに代表してご返礼の演武を披露してもらった。

そして、南京で中山陵へお参りした。孫中山先生は、日本の皆さんともたいへんなじみの深い方で、みんなも特に親しみを感じているようだった。御陵には三九〇の階段がある。我々の一団の最年長者、堀内鉄雄氏が一息に階段を下から上まであせらずに登りきって、しかも呼吸も乱さなかったのには、びっくりした。ご本人に言わせれば、これも長年の運動と太極拳の呼吸の賜物だという。あせらずに一段一段と登ったからこそできたもので、私たち全員感激した。私自身も七六歳になったら、やはり人生の先輩の堀内さんのようになりたいと願っている。

揚州では、ちょうど中国が国をあげて千二百余年ぶりに里帰りする鑑真和上をお迎えする準備の最中であった。大明寺（法浄寺）を修復したり、私たちが着いた日には、ちょうど鑑真和上のお像を運ぶカゴのかつぎ方を練習していた。船からカゴに乗りつぎして安置の場所にお移しするのである。道中、和上にカゴの揺れなどでお疲れさせてはいけないという様子だった。

本堂では、現住職の能勤老師が南京で和上を迎える準備の会議の最中だったにもかかわらず、わざわざ戻って来られ、私たちを待っていてくださったことには、心から頭が下がった。もちろん、今回私たちの団の中に、神戸の祥福寺の河野太通老師も加わっていることを、事前にお知らせしたことによるところが大きい。私たちは能勤老師の一人ずつに握手しての出迎えを受け、一同つつしんでお寺

揚州剪紙「五亭橋」

の本尊の前で『般若心経』をあげる河野老師とともに鑑真和上の冥福を祈りながら、私たちの旅の無事もあわせて心で祈った。

今回、河野老師が参加してくださったことを、つくづくうれしく思う。仲間の一人がなれるにしたがって、心から思うことを、「このたびの旅行は、お医者さんもいれば、お坊さんもいる、ほんとうに頼もしい」と言ったのは、まことにそのとおりだと思う。お医者とは、名古屋の吉田誠三先生のことで、もう一人のお医者は、千葉の歯医者さんの清水徳三先生のことである。

本堂でお参りしたのち、揚州の武術協会の姜瑞舟会長はじめ協会の方々が、境内の芝生の上に、私たちのためにいっぱい椅子を並べて用意してくださり、そして、特に八段錦の演武をしてくださった。八段錦は、太極拳よりも歴史は古く、特に

大明寺での太極拳

五、六分間の短い時間でも簡単に活用できる医療体術で、現在も民間療法として、広く愛好されているとのこと。私たちのいつも稽古をしているものとほとんど同じで、それから楊式の太極拳や、陳式の太極拳、簡化太極拳などを見せてくださり、中国風に言うと、熱烈に心のこもった歓迎をしてくださった。これも太極拳と鑑真和上のおかげだと、心から感謝し、私たちも審査を兼ねて、一三人の仲間が、返礼の演武をした。あとでたいへんほめてくださった。帰るときに能勤老師がわざわざ山門の脇に出て私たち一人一人に握手してくださり、「ほんとうにありがとうございました」と申し上げたい。

河野太通老師は、次のような詩を作られた。

拝鑑真和上故寺

南京へ行く車中で一服(右は河野太通老師)

幾度風波穿舶船
道心未止照東天
盲目祖苑大明裡
粛々演成太極拳

幾度《いくたび》か風波、舶船を穿《うが》ち
道心未《いま》だ止《や》まず東天を照らす
盲目の祖苑、大明の裡《うち》
粛《しゅく》々演じ成《な》す、太極の拳

天気にもとても恵まれた。これも私たちが毎日祈ったおかげだと信じたい。この日がちょうど三月二十七日、若い団員の大久保真澄君が誕生日なので、私たちが夕食のあとに彼の誕生祝いと今日の審査の合格の祝いとを兼ねてのうちとけた自己紹介の懇親会をした。いっしょに十一時過ぎまで、長時間にわたって、心うたれるような仲間の熱のこもったお話を承り、ほんとうに太極拳の仲間はいいなあと思った。この日の夜から雨が降り出した。この雨もきっと鑑真和上が、皆さんがせっか

寒山寺で性空老師を囲んで

く来られたのだから、もう二、三日泊まっていきなさいとおっしゃっているにちがいない。だけど、帰りの飛行機の切符も予約しているのだから、せっかくのお引きとめをお断りして、翌日、フェリーボートで三〇分もかかって、揚子江の大河をわたり、雨の中で、汽車に乗りかえ、そして、蘇州に着いた。

蘇州では、有名な虎丘を見学して、留園も参観した。そして、いちばん印象に残るのはやはり寒山寺参りである。ちょうどNHKテレビで昨年の大晦日の除夜の鐘に、寒山寺の鐘も紹介していたが、漢詩でも有名な、寒山寺の夜半の鐘として、日本の方には特に親しまれている。この日は、住職の性空老師が河野老師も見えられたことで、たいへん快く私たちを迎え入れ、寒山寺の鐘楼に我我を案内して登らせ、河野老師はじめ私たちにもそのめったに触れることのできない鐘をつかせてくれた。
それから、河野老師が書かれた、
仏法千里同風
の句に対して、性空老師が、

寒山寺の鐘をつく

語縦不通、心可通

と書かれた。

たとえ言葉が通じなくとも、心が通じあえるという、すばらしいご返事である。奇しくもこの寒山寺の宗派も河野老師の宗派と同じ臨済宗である。お二方とも学識のすぐれた老師で、言葉は日本語と中国語では通じ合えなくても心はようよう通じ合えたようだ。この寒山寺で、次のスケジュールも返上して、いちばん長く交流を重ねた。帰りのバスまで、性空老師は足を運ばれ、我々のバスが見えなくなるまでお見送りをしていただいた。あの姿は、今でも頭に残る。

これは三月二十九日のことであった。

三十日に、上海から飛行機の都合で、北京に向かい、その日に帰る予定だったのが、ちょっとしたハプニングで、三十日の夜、北京国際空港の近くのホテルで一泊することになった。おかげさまで空港の待合室でも白鶴の舞をし、早朝の六時ごろホテルの前でも太極拳をした。

全員の協力で一人も体をこわすことなく、無事に三十一日の午後東京に着いた。もう一度、皆さまに謝謝と言わせてもらいたい。

稽古要諦

帥立志師篆刻「不怕慢只怕站」

顧留馨先生との交流の旅

東京の朝日カルチャーセンターの太極拳指導を引き受けてから、一九七九年十一月で、満五年半過ぎた。当初から仲間と抱いていた夢は、本場の中国を訪問し、中国の人々といっしょに太極拳を稽古することであった。その夢が現実のものとなった。

朝日カルチャーセンターの長谷川社長はじめ幹部、事業部の方々のご尽力によるものである。「日中友好東京太極拳訪中団」と名づけられた訪中団一行二九名の中には、名古屋の朝日文化センターの浜田登志さん、横浜・朝日カルチャーセンターの高木政子さんも加わった。みんな心から太極拳を愛している者ばかりであった。私が団長、渡辺礼輔先生が顧問、朝日カルチャーセンターの金子優子さんが秘書長という構成だった。

旅行日程は九泊一〇日で、上海、桂林、広州を訪れるものである。出発は十一月二十二日で、十二月一日に香港経由で帰国した。

一〇日間の旅の思い出は多々あるが、ここでは太極拳とかかわりの深かった所をご紹介することにしよう。

まず、上海武術協会の会長、顧留馨先生たちとの交流があげられる。

十一月二十五日、日曜日にもかかわらず、わざわざ出迎えてくださった顧会長はじめ傅鍾文副会長や幹部の皆さまと、二時間にわたって親しく意見を交換することができた。そのあと一流の先生方の演武まで披露してくださる歓迎を受けたので、返礼として柘植栄子さんに演武してもらった。

顧会長は、特に、太極拳の深い奥儀に関する話を、熱をこめて話してくださった。「公園は、壁も囲いもなく、自然の治療院である。しかも無料ではないか」とは、顧先生の名言である。一〇〇歳以上の老人は、上海に二一人いるそうだが、そのうち何人かは毎日稽古している。健康な人は予防に、体を害した人は治療に、それぞれ公園に集まって太極拳をしている。顧会長は、太極拳は非常にすぐれた健康法で、将来世界の医療の一つに数えられるであろう、と断言しておられた。顧会長と私とは、一九七七年、横浜でお目にかかって以来、三回目の会見であった。が、はじめてお目にかかる方でも、太極拳を通すともう長い間つきあってきた、心の許しあえる仲間のような感じになるから不思議である。

なお、この交流を実現させてくださったのが、上海の浅田泰三総領事、および夫人、そして鈴木和彦領事であった。感謝の意味で、二十四日、一行は日本総領事館を訪れ、館内にあるりっぱな中庭で昭和八年から上海に暮らしている総領事館の太極拳の先生、大槻武史さんともども太極拳を稽古した。

このほか上海では、早朝稽古を行なった。朝のあけきらぬ六時にはホテルを出発し、公園で大勢の

上海武術協会で顧留馨先生らを囲んで

中国人にまじって稽古を続けた。稽古を始めると間もなく、私たちのまわりは人垣でうまった。中国の人々が体をやすめて私たちの太極拳を見てくれ、拍手を送ってくれるのである。拍手が鳴り終わると、公園の指導者（七二歳）が味のある古式太極拳を見せてくれた。また予期しなかった羅漢拳の演武者も飛び込んできて、なごやかな交流ができた。

また、魯迅先生の墓参も印象深かった。日曜日の買物客でごったがえすメーンストリートをようやくの思いでバスは抜ける。車中には一行が金を出し合って買い求めた大きな花環がある。菊のけだかい香りが、私たちの心をなごませてくれる。魯迅先生の墓は広い虹口公園の一隅にある。献花のあと全員で黙禱をささげ、太極拳白鶴の舞を演武して魯迅先生の冥福を祈った。おりしも日曜日だったので、中国語で形容すると人山人海、つまりたくさんの人々に私たちの心が通じたようで、盛んな拍手を送ってくれた。

泊まる宿も広々として、食事も毎日細かい心配りがみられ、満足のいくものであった。

桂林は天下の景勝地。山水は聞きしに勝るものがあり、特に好天に恵まれて、五〇キロに及ぶ船旅を満喫することができた。漓江下りの両岸は自然の造形美に驚くばかり。水面に映る山峰の姿は、私たちを桃源郷にいざなう。

のんびりと江下りを楽しんだ翌日、有名な芦笛岩を訪ねた。

桂林滞在の二日間とも、公園で早朝稽古を行なった。地元の太極拳指導者である老先生が、私たちのために簡化太極拳を見せてくださったのにも感激した。そのあとで若い女性のコーチが太極剣、の型二つを見せてくれた。

最後の訪問地広州は、一段と天候も暖かく、菜の花が見られる春景色。

着いた翌朝は早速、広州起義烈士陵園に参拝した。公園内の広場や木々の間ではやはり太極拳を稽古する人々が多かった。会員の山分美治さんがちょうどこの日、十一月二十九日に還暦を迎えられるので、お祝いの奥伝審査を受けた。旅行前からの山分さんの念願がかない、落ち着いた演武を見せてくれた。

帰国前には仏山市を訪問した。陶磁器の盛んな工業都市だが、特に道教の寺（祖廟）も拝見するこ

上海・魯迅の墓前で

とができた。現在は博物館になっている寺は、不老長寿法として有名な吐納術、陰陽、八卦、五行などの原理が建築物の随所に見られ、太極拳とも相通ずるものがあったので興味深かった。案内人も道教には深い造詣があるらしく、説明には熱がこもっていた。太極拳は中国の儒教、道教、仏教の精髄を集大成したものと、意を強くした。

九泊一〇日の短い旅ではあったが、太極拳を通じて柔らかな心と柔らかな体がどこでも、どこの人々とも仲良くなれる原点であることを、身をもって体験した。心も柔らかく、体も柔らかく、邪心のない素直な気持で訪中したことも、いい結果が得られる原動力になったと思う。二九名の心の和を一つにすることによって、訪中の意義がさらに大きいものになった。団結こそ力になるのである。和をたいせつにする仲間が、つね日ごろ、鑑

1980年９月，横浜で

真和上を尊敬し、その心を太極拳の心としてきた証しでもあろう。

一行二九名、全員つつがなく日程をこなし帰国することができた。健康に留意された団員の方々に心から感謝したい。いい旅であった。

顧先生にいただいた資料

一九七九年十一月、朝日カルチャーセンター主催の太極拳受講者による訪中が実現した。第一回目ということもあって、私が訪中団の団長をつとめた。訪中のおもな目的であった上海武術協会の表敬訪問もなごやかに、そして有意義に行なわれた。その際、太極拳最高責任者顧留馨先生から貴重な資料をいただいたので、ここにご紹介する。私が教室で話していることとほとんど同じだが、中国の太極拳の方向を、正しく理解する一助にしてもらいたい。

一、太極拳の起源と発展

1　清代の初め（一七世紀の八〇年から九〇年の間）、河南省温県陳家溝の陳王廷によって創られた。明滅亡の一年前（一六四三）、陳王廷は、温県の官吏（郷里の護衛）で、県知事に従い一軍を率いて城を攻めてきた「流賊」を撃退した。

2　陳家四代の陳長興（一七七一〜一八五三）になると、陳家太極拳は新しい架（型）を編み出し、伝統的な型に新風を吹き込んだ。

3　陳長興から楊露禅（一七九九〜一八七二）に伝わり、楊家太極拳に発展した。楊家太極拳が武禹襄（一八一一〜一八八〇）に伝わり、武禹襄はまた陳清平の新しい型をも学び入れて、武家太極拳を編み出した。その後、楊家太極拳から呉家太極拳が派生し、武家太極拳を習得した孫氏が、孫家太極拳を創った。そこで有名な陳家、楊家、武家、呉家、孫家の五大流派ができ上がったのである。

二、太極拳の由来

1　明代、拳法各派の踢（けり）、打（うつ）、跌（たおす）、拿（つかむ）の攻撃技術を総合吸収したものである。武将で有名な戚継光（一五二八〜一五八七）が軍隊強化のために編成した『拳経』の三十二勢を基礎として、拳法の型をつくった。また二人で行なう推手《トイシオウ》（組手）も考案され、独創性に富む推手の実践的短打拳法になった。

中国の武術は、長拳（離れて闘う拳法）と短打（接近して闘う）の二つに分けられる。短打拳法と長拳の技の働きは、それぞれ違い、一長一短がある。

2　導引（屈伸）と吐納（呼吸）を結合して、内功拳となった。呼吸は腹式深呼吸を採用。

3　古典哲学である陰陽学説と漢方の人体理論の経絡説をとり入れた。そして「纏繞円転」（まとわりつくように円回転する）、「以柔為主」（柔らかさに重点をおく）、「剛柔相済」（剛柔あい助け合う）などの語句で表現される太極拳になった。

三、太極拳の四つの方向

この一〇〇年来、太極拳は四つの方向に発展してきた。

1　医療保健

2　体育娯楽（推手によるスポーツ）

3　体質の強化

4　技術を競う（推手）

医療保健面での効用は、太極拳がだんだんと大衆に喜ばれるキーポイントとなった。目下のところ、太極拳を普及させるには、医療保健、つまり健康法から説くのが本筋である。今日、太極拳は世界的な医療保健の項目に発展する勢いであることも付記する。

太極拳の（攻撃方法についての）術語は、型をわかりやすく、正確に覚えることができる、と同時に鍛錬の効果をいっそう高めるものである。

四、術語（鍛錬用語）

1　心静用意、身正体鬆

心静かにして意を用い、姿勢を正しくすれば、体を楽にすることができる。

2　由鬆入柔、柔中寓剛
体を楽に、余分な力を抜いた状態から柔らかさが生まれ、そしてその柔らかさの中に剛を秘める。
3　弧形螺旋、中正円転
背骨をまっすぐに伸ばして、動きは丸く螺旋状に。
4　源動腰脊、脊貫四梢
動く源は腰と背骨で、背骨は四本の末梢神経を貫く（両手、両足の指先を四梢という）。
5　三尖六合、上下一線
鼻先、手の指先、足の爪先を三尖という。六合は、内三合（精、気、神）と外三合（大腿と上腕、肘と膝、足と手）をさし、これらのバランスに注意して、上下の統一をはかる。
6　虚領頂勁、気沈丹田
雑念を払い、精神を集中する。さらに気を丹田（下腹部）に沈める。
7　含胸抜背、落胯塌腰
背骨を伸ばして胸を自然にし、外股と腰を落として安定をはかる。
8　沈肩垂肘、坐腕舒指
肩と肘の力を抜き、手首を固定させ指先をのびのびさせる。
9　眼随手転、歩随身換

眼は手の動きを追い、足は腰につれて動かす。

10　手与肩平、胯与膝平

上半身の手と肩、下半身の外股と膝の高さを、それぞれ同じくらいにする。

11　速度均匀、軽沈兼備

速度を平均にし、軽やかさのなかに落ち着いた重みを含ませる。

12　内動外発、呼吸協調

意識を通して動けば、勁（字を分解すると、左半分が神経、右半分が力。ゆえに勁は意識を働かせる力）を外に出すことができ、呼吸で勁をコントロールする。

帥立志師篆刻「匀」

教室での解説順序

顧先生の稽古の要点を示す術語なども参考にしながら、これから、教室では毎回次のように、二つの術語を解説するようにしたい。

上段は従来も教室で解説してきたもので、太極拳を稽古する場合、特に注意を払わなければならないポイントを四つの字句で書きあらわしたものである。これらは各流派の秘伝に当たるもので、楊家太極拳では十か条が伝わっている。私の太極拳指導は、三か月単位の循環方式をとっているので、楊家の十訣と、他の流派の要諦二語を加え、太極拳練習の一二ポイントとしてきたわけだが、さらに下段の一二ポイントを加えることで、充実したものになると思う。

上段が理論なら、下段は、やや実践に重きをおいたものといっていいだろう。

（ルビは「楊名時八段錦・太極拳【指導者のてびき書】」より）

1　気《チ》沈丹田《チェンダティエン》　心静用意《シンジンヨンイ》

2　沈肩垂肘《チェンジィエンチュイズォウ》　身正体鬆《シェンジェンティソン》

3　内外相合《ネイワイシャンホ》　由鬆入柔《ヨウソンルロウ》

4 上下相随《シァンシァシァンソイ》　弧形螺旋《フシンルオシュアン》
5 主宰於腰《ジュウザイユィヤオ》　中正円転《ヂョンジェンユエンジュアン》
6 尾閭中正《ウェイリュヂョンジェン》　源動腰脊《ユエンドンヤオジ》
7 含胸抜背《ハンションバベイ》　脊貫四梢《ジグァンスシァオ》
8 虚領頂勁《シュイリンディインジン》　三尖六合《サンジィエンリウホ》
9 呼吸自然《フーシーズーラン》　速度均匀《スウドウジュンユン》
10 分清虚実《フェンチンシュイシ》　胯与膝平《クワユイシ　ピン》
11 動中求静《ドンヂョンチュウジン》　眼随手転《イエンソイショウジュアン》
12 剛柔相済《ガンロウシアンジ》　手与肩平《ショウユイジィエンピン》

気沈丹田

まず最初は、人体の中心である丹田（ヘソの下三センチぐらいのところ）に気を集中すること。気は人体の機能を活発に働かせるエネルギーと考えられている。この気は、血と不即不離の関係にあって、気と血がスムーズに流れなければ、体のいろいろな機能が害されてしまう。

経絡は、気を人体のすみずみまで運行させる通路のことだが、人体にはりめぐらされ血管とともに体内の諸器官の働きを助ける。血と血管ははっきりと目に見えるが、気と経絡は目でとらえることはできない。あえていえば、気と経絡は西洋医学の「神経」に最も近い。

太極拳は経絡を流れる気を鍛錬し、気を養う運動であるから、ポイントの筆頭に置いている。具体的な鍛錬法は、まず雑念を払うこと。体中の力を抜き、静かな深い呼吸で自分の気持を下腹部に集中させる。腰を下ろして、重心を低くする。

丹田は生理的物理的バランスをはかるところであり、脳波の安定統一もはかるところであるから、丹田に気が集中されると、腰、臀部に力がこもり重心が保たれる。潜在意識の働きがコントロールできる。脳の興奮を中和し、感情の働きが落ち着く。そして自律神経のバランスがとれ、臨機応変の動きが可能となってくる。

沈肩垂肘

肩を沈め、肘を垂らすことであるが、それにはまず肩に力を入れないこと。りきんで肩に力を入れると、肘も上がってしまうし肩凝りの原因にもなる。太極拳は全身の力を抜き、気血が経絡をスムーズに通れるようにすることが重要であるから、一か所だけに力を入れるのは避けなければならない。肩と肘は、しぜんに垂らすことである。

自然体で立っているときはもちろんのこと、型を行なうときも肩や肘が上がってはならない。たとえば手を伸ばしたとき肩がしぜんに下がり、肘にも余裕があると、相手から攻撃されにくいし、技も力強い。

内外相合

内とは精神、外とは肉体（動き）のことである。太極拳を練習するときは、この両者の統一をはかることがたいせつである。調和のこころ、すなわち型に従って体を動かす場合、心をこめてひたすら三昧の境地になることである。

太極拳は二四の型を演じるわけであるから、最初から最後までの一定時間、動きを断つことなく、また意識の面では、一つの気を貫くところに特色がある。したがって練習を重ねてくると、精神の集中が高まるとともに肉体の運動量も高められてくる。

漫然と太極拳を練習するのではなく、一回の稽古に自分のすべてを投入できる「量より質」を心がけてほしい。私の願う気持は、まず自分自身が鶴の舞（太極拳）に酔い、さらに仲間をも酔わせることができればというものだが、そうなればほんとうに心身の統一がはかれた証しである。

上下相随

「上下相随」の「上」とは体の上部をさし、「下」は体の下部をいう。「随」とは随行、追随という語があるように、従うこと。

「相随」は、互いに関連すること。上下のバランス、特に手足のバランスがとれていないとだめだという注意である。

足が地面にしっかりついていないと体がぐらつく。一方、足が動きだすときは、足先だけではだめで、腰を軸にして大腿のところから動かすことが肝要である。

手の動きは指先まで神経がゆきわたるようにし、足から大腿、腰、そして腕、手、体全体が関連して動かなければならない。手が動けば腰も動く。足も目の視線もそれに従って動く。一か所動かないところがあれば、全体が乱れてしまう。

この全体のバランスが、筋肉、関節を無理なく動かし、ゆるめる作用をするのである。

鬆腰円臑（主宰於腰）

腰に力を入れないでゆるめ、ゆったりした状態で、腰を中心にして、上半身や足を動かすことのたいせつさを述べている言葉である。「鬆」という字は、あまり見かけないと思うが、「鬆」という字の上半分は、髪の字の上半分と同じで、元来髪の毛は、ふんわりした、ゆったりしたものである。「鬆」という字の下半分は松という字になる。松も葉が開いていて、きゅうきゅうとはしていない。松の実もふんわりとした、ゆるやかな感じの形をしている。せんじつめれば両方とも、きつい、窮屈の反対で、ゆるやかで、ふんわりして、自由自在に動けるという状態をさす。

次の「腰」という字は、肉月扁に要である。人間を小宇宙にたとえた場合、腰がまさに中心部にあたり、体全体の要にあたる部分である。いかなる武道も、健康法も、体のバランスをとるうえには、腰をはなれて考えられるものは一つもない。

次の「円」は字のとおりに、まろやかで、まるい、角のたたないこと。

「臑」は、肉月扁に当たる。昔、中国では馬に乗った場合、腰の後ろの部分が鞍に当たるところをさした。その部分が四角ばってたり、角があったりすると、体を痛めたり、不自然な状態になる。だから臑が円いという意味は、ただ馬に乗るときだけでなく、ふだん太極拳、八段錦を稽古する場合にも、腰をゆるめて臑を円くすることが、最も円滑に動け、かつ健康にも円運動にかなっていくうえにも大事なことである。

むろん、さらに稽古する人間の心もゆとりがあって、柔らかい心でなければ、形だけつくろっていくわけにはいかない。あくまでも、形と心とのバランスをとることが大事な条件で、それでこそ、ゆとりのある腰つきで、ゆとりの心が生まれる。

そのうえに、ゆったりした気持で、静かに深く、長く息を吸い、さらに深く長く息を吐く。また、時には、息をしばらくとめることも必要である。この総合した条件がかなってこそ、「鬆腰円臑」という状態も、はじめて生きてくるものである。

日本にも、「腰が高い」「腰が強い」「腰が抜ける」「腰を入れる」「腰を折る」など、腰にまつわる言葉が多い。腰を強くし、人生に対しても仕事に対しても、弱腰にならないようにしたい。

尾閭中正

背中をまっすぐにせよということ。「尾閭」とは、尾骶骨のこと。

脊椎動物――というとむずかしくなるが、脊椎を体の中軸として体軀を支持する動物は、脊椎を中心に左右相称なのが特徴である。特に人間の場合は、脊椎のいちばん下に尾骶骨があるから、脊椎から尾骶骨に至る線をまっすぐにしておけば、左右のバランスもとれ、生理的にも最も自然な姿ということになろう。

左右だけでなく、前後、上下のバランスをとるうえでも尾骶骨は重要だ。骨の形が三角形をしているというが、大きな骨ではないけれども、ちょうど土木工事などで垂直かどうかをはかる、先のとがった分銅のようなものではなかろうか。

人間の体を一つの小宇宙と考えた場合、その小宇宙の中心が腰のまわりである。前のほうにはへそがあり、へその下には丹田という、精神上とても大事なところがある。丹田と相対して後ろに尾骶骨があり、背骨と連結している。尾骶骨をもし少しでも傾けると、少なくとも上半身全体が傾くことになる。骨格全体のバランスと姿勢を保つうえで、重要な働きをしているポイントといわれるゆえんである。

昔から健康の第一歩は、姿勢を正しくすることといわれてきた。姿勢をくずせば、健康を害することになる。「万病は背骨から」という言葉があるくらいである。

そうした体の指針ともいうべき尾骶骨は、もし人間にしっぽが生えるならば、さしずめここから出るだろうという場所である。むろん、人間にはしっぽはない。しかし、しっぽで体のバランスをとる動物は、サルでもカンガルーでもたくさんいるのである。

含胸抜背

「含」は含むということ、つまり、ゆとりがあり、つつましくしていて伸びもでき、縮まることもできる状態。「胸」という字を加えれば、胸をそういう状態にしておくこと。上体をまっすぐにし、胸をゆったりとさせる。

「抜」は、のびのびするという意味。「背」は背中、背骨の全体を含んでいる。

「含胸」には、胸の部分は呼吸によって調節し、いつも呼吸がスムーズに、自然に調子よく行なわれる状態で、自然に逆らわないという意味も含まれている。この含胸の状態を保つには、人体の大黒柱にあたる背骨をのびのびとさせていなければできない。

だから、「含胸」と「抜背」は表裏一体の言葉である。骨格的な抜背の姿勢が、含胸という状態をつくり、そのことが無理なく呼吸を行なえることになり、呼吸を通して精神の安定をはかり、肉体のバランスと精神のバランスが保たれることになる。

虚領頂勁

「虚領頂勁」とは、意訳すれば頭を冷静にする、あるいは無念無想ということ。「頂」は頭の頂。生まれたばかりの赤子は頭蓋骨が柔らかいために、呼吸するたびに頭の頂がピクピク動く。道家の人々はここを「上丹田泥宮」といってたいせつにした。また、小乗仏教では、頭上を線香で焼く受戒の儀式が行なわれた。

頭上(大脳)は、あらゆる神経の中枢であるから、精神を修養するものはいずれもここをたいせつにしたのである。

頭を虚にしておく。雑念をはらって、無我の境地で、動きの中で静を求める。このことの大事さは、改めて説明を要しないだろう。

呼吸自然

すべて生命あるものは呼吸をしている。呼吸することによって生命活動を維持することができる。健康は呼吸運動と密接な関係がある。

中国では呼吸鍛錬の原則を、「春《チョン》蚕《チャン》吐《トウ》糸《スウ》、綿《ミエン》綿《ミエン》不《プ》断《トワン》」と表現している。春のカイコが糸を吐き、まゆごもりするように、綿々として切れないという意味である。呼吸を長くするためには、当然のことながら、細く、柔らかく、深く行なわなければならない。これが健康につながるのである。

「呼吸自然」という太極拳の教えでも、呼吸は無理をするな、いちばん自然な楽な状態の呼吸が望ましいといっている。細く、柔らかく、深く、長くという原則をふまえながら、太極拳における呼吸は、呼吸を忘れることを理想としている。呼吸を忘れる呼吸がいちばんいい呼吸というわけである。

息は原則として鼻で吸い、鼻から吐く。手は下から上に持ち上げるときは、息を吸い、上げた手を下げるときは息を吐く。また、伸ばした手を体に寄せてくるときは息を吸い、体から伸ばしていくときは息を吐く。体を曲げるときは息を吐く。曲げた体を伸ばすときは息を吸う。

こうした原則を意識的に腹式呼吸で行ない、稽古を積んで、精神統一できるようになると、無意識のうちにも呼吸が楽にでき、外面の動きと一致してくる。

普通の健康人は一分間に約一六回呼吸するが、太極拳を鍛錬すると呼吸は倍以上長くなる。つまり、一分間の呼吸数は、六、七回ですむことになる。息が長くなれば、気も長くなるのが道理である。しかし、最初から無理することはない。いちばんスムーズな、楽な状態での呼吸が望ましい。つまり、自然に逆らわないことである。

生き方のうえでも、自然に逆らわない生き方がいちばんストレスの解消になり、イライラをとることになる。

人間も宇宙の一員である。体は精巧にできた小宇宙と考えられる。そこで、動と静、虚と実、剛と柔、そして円をうまく組み込むことが必要である。つまり精密な人間の機能をフルに活動させ、健康を保つためには、自然に逆らわないことがたいせつであり、日常生活に円（丸味）を加えねばならないということである。

人と人との和（輪）を重んじ、流れる水のように自然に逆らわずに前進する姿、これが人間本来の姿であろう。太極拳の精神は、まさに「調和」と「自然」につきる。

分清虚実

太極拳の妙は、虚実にある。

虚実とは、具体的にいうと、重心のかかっている足が実、そうでないもう一方の足が虚である。全身の重心を右足にかけているときは右足が実であり、左の足が虚である。反対に全身の重心が左足にかかっているときは、左足が実、右足が虚となる。

一方を実にし、片方を虚にすれば、転身、移動が非常にスムーズにでき、むだな力を省くことができるから、虚実をはっきりさせることがたいせつだという教えが「分清虚実」。

もし虚実がはっきりしないと、転身、移動の際、たいへん不便で、体のバランスをくずしやすくなり、このような状態で人と相対すると、相手に制せられることになる。

進退屈伸は、つとめて一本調子にならず、また不必要な緊張を避けることである。そのためにも虚実をはっきりさせる必要があるわけだが、とはいっても、虚実は固定したものではなく、つねに自由自在に変化しうるように、前後左右、動くときは腰を中心に、ネコが歩くように、静かに注意深く足を運ぶことがたいせつである。危険を感じたら、すぐ後退できるように、進退屈伸を自在にしておくことである。変化をつねに内に秘めているのである。

いたずらにりきむと、極をつくることになる。足、脚、腰、腕、手とも、いずれの個所もりきんではならない。昔から「徳をもつものは栄え、力に頼るものは亡びる」のたとえのように、力のみを過信してはいけないのである。力を出しきったときは、相手に乗せられるスキにも通ずる。

太極拳の太極とは無極という意味であるから、りきむところがなく、片方の手がまだ伸びきらないうちに、すでにもう一方の手が同じ速度の円運動を開始しており、綿々と続くのである。

動中求静

動中静を求めるということ。太極拳は動きの中で静を求める。だから〝動く禅〟あるいは行禅《ぎょうぜん》ともいわれる。練習するときは、まず無我の境地で、まわりの雑念をはらって、動くのにいちばんらくな状態にする。背筋をのばし、頭はまっすぐに、腕はゆるやかに垂らす。そのうえで立禅をするのがよい。立禅はどこでもできるし、二、三分でよいから、静かに何も考えないで立つ。こうすれば気持が落ち着いてくる。

こうしてはじめて動く。立禅の安静な心理状態で、最初から終りまで一貫して行なわなければならない。

その意味では、太極拳はだれにでもできるが、半面、非常に難しい運動でもあるといえよう。

中国には、陰陽の根本哲学がある。昼が陽で、夜が陰。男が陽で女が陰というように、これは自然界の森羅万象に当てはまるもので、陰陽のバランスがうまくとれているのが本来の姿というもの。

「動中求静」も例外ではなく、人間は動きっぱなしではダメで、静を生活の中にうまくとり入れて、明日の原動力にしなければならないという教えでもあろう。

ややもすると動の過剰になりがちな我々には、心してかみしめなければならない言葉である。

ところで、動といい、静といっても、明確な区分けがされることはない。「静中求動」ともいいうるだろうし、動の中には静が、静の中には動がすでに含まれている。

「動静之機、陰陽之母也」

と『太極拳経』でもいっている。

「動」は体を動かす動作、「静」は静けさをさす。

「機」は形になる以前の有、無の間をいう。したがって、動くときには静かな気持をもち、静止のときには、すでに動く兆しをもつということで、動と静とは表裏一体となる。このことは自然と合致し、太極拳の妙となるものである。

剛柔相済

剛柔あい助けるという意味である。「剛柔」は剛と柔、「相済」は互いに助けるという意。「知柔知剛大丈夫」（剛を知り柔を知ることがますらおなり）といわれるほど、剛柔は昔から中国では重要視された成語である。日本の空手の剛柔流などもおそらく中国古典から取った名前であろう。

「剛柔相済」とは武道の専門術語で、技のうえで剛柔を使い分けることがぜひとも必要だという教えである。人間の一生でも同じことであろう。年をとったら体力に応じた柔らかいものを徐々にとり入れないと、力に敗れてしまうものである。

中国には、「硬拳」と「柔拳」という対照的な武術がある。硬拳の代表は「少林拳」だが、柔拳には「太極拳」「形意拳」「八卦掌」などがあり、なかでも太極拳がいちばん柔らかい。

私が太極拳を愛好し、空手を愛好しているのも剛柔あい助けて、互いに学ぶことができるからである。

剛柔を武と文に言いかえることもできよう。「拳禅一致」ともいうが、「文武不分《ウエンウブフエン》」という言葉もある。文武分かれず、というわけだが、日本でも使われているので、わかっていただけると思う。

「文」は頭脳あるいは知識をさし、「武」は運動、武道など肉体を鍛錬すること。人間はこの文武をいっしょに平行して学習しなければならない。いくらすばらしい知識、頭脳をもっていても、体が丈夫でなければそれを生かすことができない。

この道理はだれでもわかるが、要は実践が大事。心がけがたいせつである。

帥立志師篆刻「松」

三尖六合

太極拳は、心身の健康法として非常にすぐれたものだが、もともと中国古来の武術でもある。武術の型は、力と美の統合体である。特に太極拳は、他の武術以上に美というものを追求する。鶴のような優雅さがなければならない。

太極拳の美は、完全な調和にある。そこで、太極拳の美をめぐる重要な術語「三尖六合」をご紹介しよう。

「三尖」とは、手の指先、足の爪先、それと鼻の先の三つをさす。この三つを一直線に結ぶとよいという教えである。

「六合」とは、内面の三合と外面の三合をさす。

内面の三合とは、言葉では表現しにくいが、中国語では、精、気、神をいう。あえて日本語に訳すと、精は内臓のこと、気は呼吸と血行、そして神は神経を意味する。これらの調和をはかることを内面の三合という。

また、外面の三合とは、一に手足のバランス、二に肘と膝のバランス、三に大腿と上腕部との調和をいう。

むろん、これらのバランスはみな腰を土台にして得られるものでなければならない。三尖六合に注意を払うのは、見た目を美しいものにするだけでなく、敵に攻撃のスキを与えないためでもある。

また、手の指に力を入れていると、肩の力が抜けない。手先を柔らかく、柔軟にしておかないと、肩肘にも力が入って、ぎごちなくなるし、優雅でない。これは体の構造からいえることである。

楼膝拗歩や単鞭などのとき、掌を前に出していくが、このときは、単に前に出すという動作をするのではなく、特に呼吸と深いかかわりがあることに注意しなければならない。前に出すときは、息を吐くが、ゆっくりと息を吐きつづけることによって、へその下の丹田に気が集まり、下半身も安定し、精神的にも安定することになるのである。型をマスターし、精神統一できるようになると、無意識のうちにも呼吸がらくにでき、外面の動きと一致してくる。が、掌を出すときは、意識して腹式呼吸をするよう、稽古では心がけるべきである。

「三穏」という言葉もある。

「穏」という字は、安定している、乱れないという意味である。稽古を始めるとき、稽古中、稽古を終了したとき、この三時点を通して、一貫して調和のとれた姿でやらなくてはならない。

しかも、前方から見て美しいというだけでなく、後方からも左右両側面、いずれの角度から見ても、柔らかく静かな姿勢を要求するものである。

外見の美とともに、心の美を無視して太極拳を論ずることはできない。心の美とは、柔軟心をいい、心のゆとりのことである。そこから生まれた優雅さと、外面の柔らかい動きの調和が太極拳独特の美をかもしだす。その静かな、調和のある美しさは、人に安心感を与える。そして、演ずる者を深淵な湖底に吸い込むような神秘性を有している。その奥は深い。

流水不争先

私の好きな言葉の一つである。流れる水は先を争わない、ということだが、自分の都合ばかり考え、私利私欲をむさぼり、他人をおしのけてまで出世しようとすれば、〝争先〟ということになる。太極拳の妙は無であり、限りがなく、虚である。人間におきかえれば、心の広い、いつも謙虚な人になるのが理想である。したがって、他人の健康、幸福を願わなければならない。それが自分の幸福にも及んでくる。そうでなければ、永久につきることのない大河の流れのように、共存共栄することはできない。太極拳の求めるものは和である。

とうとうと流れる長江の水のように、ゆっくりと、あせらずに稽古することがたいせつだという教えでもあろう。先を急いではいけない。貴少而精《グイサアオアルジン》（少なく学びよくおぼえること）に心がけなければ

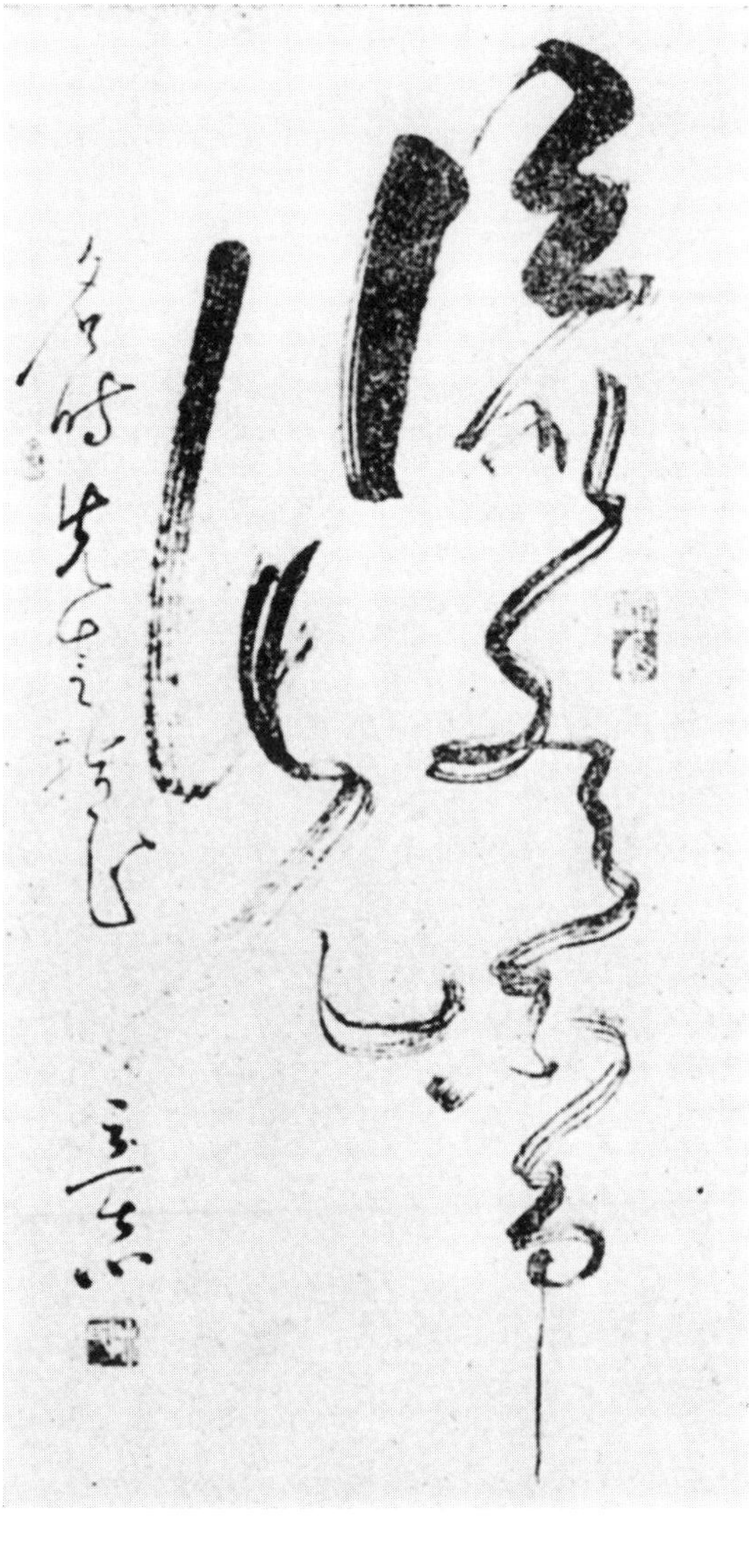

帥立志師筆「流水不争先」

ならない。

帥立志先生から「流水不争先」の書を贈っていただき、改めてこの言葉をかみしめている次第である。

自他共栄

柔道の嘉納治五郎先生が、「自他共栄」といわれたが、これは、武道だけでなく、すべてのことに共通することではなかろうか。国と国とも自他共栄の精神がなければ、平和でありえない。人間も、おれがおれが、と自分だけ、肩肘を張っていると決して人間関係もスムーズにいかない。顔も柔和でなくなる。

私は、ふだんの稽古のときに、仲間の幸福を願いながら、みんなといっしょに稽古している。みんなの健康、幸せを願っていると、そのことが自分の健康、幸せにもつながると信じている。それに、きゅうくつでない。気持がおおらかになる。ゆとりのある心をもつことがいちばんたいせつなことで、心を豊かにもつことが、それ自体健康法である。

自分の体調をいちばんよい状態に保つことは、実際にはなかなか難しいことだが、太極拳をやることによって、みんなの健康づくりの手だすけをすることができ、自分のためにもなるとは、うれしいことである。

太極拳の仲間が、よい友だちがつくれ、なごやかに稽古し、それが、体の調子もよくしているというのは、故あることである。

「我為人人」というのも、自他共栄の精神である。

これまで多くの方々の力、ご援助で生きてこられた。これからも、太極拳の仲間をはじめ、たくさんの方々の力を必要とするだろう。自分もまた、多くの方のために努力したい。生あるかぎり学び、動きつづけたい、と思っている。

不怕慢、只怕站

「太極拳はどのくらいやれば覚えられますか」とよく聞かれる。

「覚えるだけなら、三か月ぐらい毎日稽古すれば覚えられますが、これで終りということはありませんよ。人間は死ぬまで、命あるかぎり進まなければなりません」

と答えると、相手はたいていびっくりする。

「一日、二日やって、おもしろさ、よさがわかるものではありませんよ。三か月、半年、一年やって、だんだんとよさがわかってきて、五年もやると身についたものになってきますが、まあ一〇年やってこそ……」

と続けて申し上げると、いやな顔をする人もいる。

日本人は頭はよいが、せっかちすぎるようだ。いやいや私自身を含めて、人間には小利口者が多すぎる。往々にしてやる前から、いつどういう結果が得られるかという打算がさきばしる。その弱みにつけこんで、やれば即効薬的に、すぐ効果があがるとキャッチフレーズにいわれることもある。しかし、即効薬には副作用もあるのだ。

世の中、そううまくいかぬのが常である。期待しすぎて望みどおりにならなかったらガッカリする。そのショックを受けないためには、あまり期待しないで、自分がよいと思ったらコツコツやることだ。求めずして得るという気持でやらなければならない。

その意味で、太極拳を一つの種まきと考えていただけたらいい。種の全部に芽が出てくるとはかぎらない。あまり早い収穫を期待せずに、芽の出るのを楽しみとして、稽古を続けるほうが気楽だし、そのほうがかえって効果がある。また、静かで、ゆっくりした動作の太極拳を毎日の生活の中に持続してとり入れれば、日本人の性急さが緩和され、その性格的長所にいっそうの磨きがかかると信じている。そんな次第で、「不怕慢、只怕站」を挙げてみた。

これは、ゆっくりやるのはかまわないが、立ち止まってはいけない、ということ。まるで、兎と亀の競走のあとの教訓のようだが、「不怕」は、おそれない、こわくないという意味。「只怕」は「……だけこわい」こと。「站」は立ちどまるという意味。

あせらずゆっくり進むのは結構だが、途中でやめてしまっては今までの努力が水泡に帰してしまう。いったん肝に銘じたら、のろくともコツコツやり抜くこと。決してあわててはいけない。千里の道も一歩より始まる。初志を貫徹すべく、たゆまざる努力の積み重ねをすること。それが頭の良し悪しに関係なく勝利をかちとる原動力である。

長く努力を惜しまず、持続すること。毎日欠かさずやること。このことは、今、日本で最も必要なことのような気がする。「不怕慢、只怕站」とは、中国人の生活から洗い上げられた名言であり、太極拳にかぎらず、広く通用する格言であろう。

活到老、学到老

この言葉は、生きているかぎり学ぶ、ということ。「活到老」は、年とるまで、あるいは天寿を全うするまで。「学」は、学ぶ、学習すること。直訳すれば、老人になるまで生きれば、老人になるまで学習する、というわけになってしまうが、生きているかぎり学ばなければならない。しかし、それでも学べないものは実に多いという意味である。

これも、中国人ならだれでも知っている有名な成語で、中国人のあくなき探究心がよく出ている言葉だ。人間は生命あるかぎり学ぶべきで、また同時に前進すべきものである。年をとったから、あるいは金もうけができたから、うまいものを食べ、ぜいたくに暮らそうなんて考えたら、もう人間は終り。学習する意欲がなくなり、前進がとまった人間ほどつまらないものはない、と私は思う。

味わい深い言葉ではなかろうか。

ここで、「老」について私見を述べよう。

人間は一二五歳まで生きられる可能性がある。これは私の恩師である生物学者、湯浅明先生の学説で、哺乳動物は成長期の五倍生きられるというもの。たとえばイヌならば、二、三年で成犬になるから、一〇~一五年は生きられるわけだ。その計算からいって、人間は一二五歳まで大丈夫。長生きして学習できる。実に愉快なことではないか。

人生はりきまないで、楽しく過ごし、いつか「オレはもう一二五歳になったかあ」と言えるような人生を歩みたいものだ、と私は思っている。

1990年 4 月，成田山新勝寺奉納全国大会(撮影・飯沼直志)

太極拳経

帥立志師篆刻「無過不及，随曲就伸」

『太極拳経』のこと

太極拳に関する名著はいくつかあるが、そのなかで古くから聖典といわれている『太極拳経』をご紹介する。これは太極拳の秘伝・皆伝ともいうべきもので、楊家では非常に重視したものである。

内容が深く、字句だけでは説明できない点が多いので、太極拳の稽古を積み体験のなかから解読してもらいたい。初心者には少し難しいかもしれないが、この経が太極拳の極意に通じるものだけに、あえてとり上げる次第である。そして理解しやすくするために、原文、読下し、語釈、大意の四つに分け、説明したいと思う。

なお、『太極拳経』は、張三豊老師の愛弟子・王宗岳の著述であると伝えられる。

原　文

太極者、無極而生、動静之機、陰陽之母也。動之則分、静之則合。無過不及、随曲就伸。人剛我柔謂之走、我順人背謂之粘。動急則急応、動緩則緩随。雖変化万端、而理為一貫。

由着熟而漸悟懂勁、由懂勁而階及神明。然非用力之久、不能豁然貫通焉。虚領頂勁、気沈丹田。不偏不倚、忽隠忽現。左重則左虚、右重則右杳。仰之則弥高、俯之則弥深。進之則愈長、退之則愈促。一羽不能加、蝿虫不能落。人不知我、我独知人。英雄所向無敵、蓋皆由此而及也。

斯技旁門甚多、雖勢有区別、概不外乎壮欺弱、慢譲快耳。有力打無力、手慢譲手快。此皆先天自然之能、非関学力而有為也。察四両撥千斤之句、顕非力勝、観耄耋能禦衆之形、快何能為。

立如平準、活似車輪。偏沈則随、双重則滞。毎見数年純功、不能運化者、率皆自為人制、双重之病未悟耳。欲避此病、須知陰陽。粘即是走、走即是粘。陰不離陽、陽不離陰、陰陽相済、方為懂勁。懂勁後、愈練愈精。黙識揣摩、漸至従心所欲。本是捨己従人、多誤舎近求遠。所謂差之毫釐、謬之千里、学者不可不詳弁焉。是為論。

読下し

太極は無極にして、動静の機、陰陽の母なり。動けば則《すなわ》ち分かれ、静まれば則《すなわ》ち合す。過ぎること及ばざること無く、曲《きょく》に随《したが》い、伸《しん》に就《つ》く。人剛にして、我柔なる、これを走《そう》と謂《い》う。我順《じゅん》にして、人背《はい》なる。これを粘《ねん》と謂《い》う。動き急なれば、則ち応ずること急にして、動き緩なれば、則ち緩に随う。変化万端《ばんたん》と雖《いえ》ども、理は一を為して貫く。

着熟《ちゃくじゅく》（技の熟練）より漸《よう》く勁《けい》(気)を懂《さと》り、勁《けい》を懂《さと》りて階神明に及ぶ。然《しか》るに力を用いず久しからざれば、豁然《かつぜん》として貫通する能《あた》わず。頂の勁を虚領にし、気を丹田に沈め、偏《へん》せず倚《かたよ》らず、忽《たちま》ち隠れ忽《たちま》ち現わる。左重ければ則ち左は虚、右重ければ則ち右は杳《くら》し。仰ぎて則ちいよいよ高く、俯して則ちいよいよ深し。進みては則ち愈《いよいよ》長く、退きては則ち愈《いよいよ》促す。一羽も加わる能《あた》わず、蝿虫《はえ》も落ちる能《あた》わず。人我を知らず、我独《ひと》り人を知る。英雄の向かう所敵無きは、蓋《けだ》し皆此《こ》れより及ぶなり。

この技（拳法）の旁門《ぼうもん》甚《はなは》だ多し。勢《せい》は区別有りと雖《いえど》も、概《おおむ》ね壮は弱を欺《あざむ》き、慢《まん》は快《かい》に譲るに外ならず。力ある者が力無き者を打ち、手の慢《おそ》き者が手の快《はや》き者に譲る。これ皆先天自然の能にして、学び力《つと》めて為すあるに関せず。察せよ、四両も千斤を撥《はじ》くの句を。顕《あきらか》にせよ、非力に勝つことを。観《み》よ、耄耋《ろうじん》の能く衆を禦《ぎょ》するの形を。快き者何ぞ能く為さんや。

立てば平準《はかり》の如く、動けば車輪に似たり。沈に偏《かたよ》れば則ち随い、双重《そうちょう》なれば則ち滞《とどこお》る。毎《つね》に見よ、数年純功するも運化能わざる者は、率《おおむね》皆自ら人に制せらるるを。双重《そうちょう》の病《あやまち》、未《いま》だ悟《さと》らざるのみ。もし此の病《あやまち》を避けんと欲すれば、須《すべから》く陰陽を知るべし。粘《ねん》は即ち走《そう》、走は即ち粘。陰は陽を離れず、陽は陰を離れず、陰陽相済《あいたす》けて、方《まさ》に勁《けい》の悟りを為す、勁を懂《さと》りて後は、いよいよ練ればいよいよ精《つまび》らかなり。黙識《もくしき》揣摩《しま》すれば、漸《ようや》く心の欲する所に従う。本《もと》は是れ己を捨て人に従うを、多くは誤りて近きを舎《す》て遠きを求む。所謂《いわゆる》差は毫釐《わずか》なれども、謬《あやまり》は千里なり。学ぶ者、詳《よ》く弁《わきま》えざるべからず。是を論と為す。

（注）原文は段落なし。理解を容易にするため、私が四つに区切った。

語釈・通釈

太極者、無極而生、

冒頭の句は、宇宙観を述べたものである。太極とは、『易経』にあらわれる古い言葉で、宇宙の根源を意味する。万物を包蔵する宇宙の根源は、限りなく広く、もともと無である。

動静之機、陰陽之母也。動之則分、静之則合。

動は動くこと、静は静けさをいう。機は形になる以前、有無のきっかけのこと。太極は動静のきっかけ、陰陽の母である。ひとたび動けば千変万化を生じ、静まれば、もとの無に帰る。

この大自然、陰陽の法則に逆らうことなく、虚実をもって体を動かすことを説いている。つまり、太極拳では心を落ち着かせ、静止の状態（十字手、起勢）の場合にも、すでに動く兆し（陰陽内蔵）をもつこと。そしてひとたび動きはじめたら、陰と陽をはっきりと自覚しなければならない。陰陽は、虚実ともいう。太極拳のなかでは、虚と静を非常にたいせつにする。虚（精神的にも）であれば、すべてのものを受け入れることができ、静（冷静）であれば、どこから攻められても対応できる。「分」「合」の変化が、自由自在にできるからである。

無過不及、随曲就伸。

過は過ぎること、不及はいたらない。随は逆らわず従うこと、また曲はまがる、円を意味する。就はすぐさま、伸はのばすこと。

過ぎること、及ばないことは、いずれも適当でない。バランスのとれた「合」の状態を保つためには、相手が曲げればそれに逆らうことなく、すぐさま伸ばすことがたいせつ。初心者は、過ぎたる病《あやまち》にかかりやすい。

人剛我柔謂之走、我順人背謂之粘。

人は相手、剛は強くて力があること。柔は柔軟、または逆らわない意味である。走は化と同じ意味で、とかすこと。順は自由、背は順の反対の不自由。粘はねばること、つまり相手の力を制する意味になる。

ここの意図するところは、相手がいかなる剛力の持ち主でも、その力を自由に発揮できない方向と体勢にさせてから、攻撃をすれば勝つことができる。太極拳の小力が大力を制し、柔が剛に勝つのは、この原理に基づくものである。

動急則急応、動緩則緩随。雖変化万端、而理為一貫。

動きの緩急は、相手の動き方によって使い分けねばならない。相手が速く出たら、自分も速く、相手が遅く出たら、自分も遅くといったぐあいに。たとえ相手の動きに変化があろうとも、その源の道理は同じで、〝逆らわない〟ことである。

由着熟而漸悟懂勁、由懂勁而階及神明。然非用力之久、不能豁然貫通焉。

着熟は熟練と同じで、技を練り上げること。懂勁は、勁を理解すること。

勁は古くからさまざまな表現をとっているが、一口でいえば力のことである。が、単なる力ではなく、長年の稽古によって得られる「気」と「動き」の結晶ともいうべき、心技をいう。勁は無形のものので、なんらかの形によって、はじめて有形となる。

階は、段階のこと、神明とは極意。

太極拳を習う者は、日々の稽古の積み重ねによってのみ上達することができる。まず先に、基本である形を反復練習し、形の熟練者になることがたいせつである。そうなることによって、勁本来の極意もしぜんに体得することができる。相手の動作の軽重遅速および方向や位置など、長くやればやるほどわかってくるもので、ついには相手のかすかな動きも敏感に捉えることができる。臨機応変に対処する一つ一つの技が、「合」となる。

太極拳の理想からいえば、いかなる形にも勁が入らなければ真の強さとはいえない。意をもって勁を運行すれば、相手の防ぎえない絶大な力となる。勁の運行から得られる技を極意というが、これは力のみに頼る修練ではない。形を練り、勁を練る稽古を積めば、やがて突如として大きな悟りが開かれる。

虚領頂勁、気沈丹田。

この二句は、太極拳の術語（要訣）にもなっている。虚領は、謙虚にいただくこと、頂勁は頂（頭）の勁という意だが、雑念を払って脳神経を冷静にと意訳したほうがわかりやすい。丹田はつぼの名。人体には、三つの丹田がある。一つは頭上、二は横隔膜、三つ目はへその下。ここでは三番目の丹田のことで、別名気の海ともいう。字が示しているように、まっ赤なたんぼである。それは体の中心を意味し、体のエネルギー源が集まるところとされている。

気は、さまざまな意にとられる。時として呼吸であったり、心や意識であったり、はっきりとしない。もともと気は、一つの概念であり、実体ではない。勁と同じように、体験のなかから感じ得られるものである。中国医学では、「体の組織、機能を活発に働かせる原動力」と定義している。ひらたくいえば、エネルギー源のこと。初心者には、心を丹田に沈めて稽古してください、と私は言っている。心をこめるところに必ず血が通い、気が流れるからである。気血の流れが充分であれば、健康を保つことができる。

太極拳の稽古は、身と心の両面を鍛えるものである。雑念を払い、無念無想の境地で体を動かす。

深い呼吸によって心を丹田に沈めれば、心身の統一と浄化が得られ、冷静な判断が生まれる。

不偏不倚、忽隠忽現。左重則左虚、右重則右杳。

偏は傾くこと、倚はかたよる意味である。いずれも正常でない。忽はすぐ。隠と現は、相手を眩惑させること。杳は、暗と同じ意で、重に対する虚の言葉。

姿勢を崩さず安定をはかれば、相手が自分に立ち向かおうとするとき、たちまちのうちに隠れたり現われたりできる。また、相手が自分の左を重（実）いと見たならば、自分はすぐに左を軽（虚）くする。同じように、相手が自分の右を重いと見たならば、自分は変化にでて相手に予測を与えない。攻めてきた力を力で返さず、虚実で柔らかく変化させることによって、相手の力を不発に終わらせることを述べている。

仰之則弥高、俯之則弥深。進之則愈長、退之則愈促。

前句と同じ虚実の変化を説いている。仰はのぼる、俯は逆に下がること。進は前進、退は退《しりぞ》くこと。弥は愈と同義、促は攻めること。相手が自分を高く引っ張ろうとした場合、相手の動きに逆らわず自分の体勢も高くする。今度は相手が自分を低く押さえようとした場合は、それに従って自分も低く下がる。また、立場が逆になり自分が前進しようとして、相手に流された場合には、徹底的に前進する（相手が退《さ》がれなくなるまで）。退がる場合も同じで、退がれるだけ退がる。そうなれば相手の体勢が崩れ、後退が自分にとって積極的な攻めに変わる。

一羽不能加、蝿虫不能落。

心身の統一をはかり、呼吸を配して静かに動く太極拳は、稽古を積むに従って感覚が鋭敏になる。たとえていうならば、羽のように軽いもの、ハエのように小さな動きをも鋭敏に感じとり、身をかわして触らせない。

人不知我、我独知人。英雄所向無敵、蓋皆由此而及也。

謙虚で冷静であれば、自分のことがわかる。自分のことがわかれば、余裕がわき、ゆとりができ、相手のわずかな動き（心の動きも含む）を敏感にキャッチし、攻撃することができる。相手には、自分の動きが判断できない。これで向かうところ敵なしというものだが、冷静な判断は心の余裕から生まれるものだ。

兵法書で有名な『孫子』に、次のような下りがある。

「孫子いわく、彼を知り己を知れば、百戦殆《あや》うからず。彼を知らず己を知れば、一勝一負《ばい》。人我を知らず、我よく人を知れば、則ち向かうところ敵なし」

『孫子』は前六世紀末の人・孫武の説を集録したものである。原文は六千数百字、一三編に分かれている。引用文は謀攻編にあり、ここの主要テーマは、戦わず勝つ戦略。勝負は、まず自分を知り、そして相手を知ることから始まる。

斯技旁門甚多、雖勢有区別、概不外乎壮欺弱、慢譲快耳。有力打無力、手慢譲手快。此皆先天自然之能、非関学力而有為也。

技とは拳法のこと、旁門は流派、勢は型、または技をいう。譲るとは、敗けること。拳法には流派が多く、技も多様だが、おおむね強い者が弱い者をいじめ、技の快《はや》い者が技の遅い者を負かすだけのことである。力ある人が力ない人に勝ち、遅い人が速い人にやられる、こんなことは自然の力であって、稽古を積んだからといって得られるものではない。

察四両撥千斤之句、顕非力勝、観耄耋能禦衆之形、快何能為。

両と斤は重さの単位。市用制では、十両（五〇〇グラム）が一斤。千斤とは、現在の五〇〇キログラムに当たる。この句は、ごく軽い力で重い物をはねかえす武術用語である。顕は、はっきりさせること。また耄は七〇歳のことであり、耋は八〇歳。いずれも老人の代名詞。衆は、大勢。

四両の軽い重さで、千斤の重さをはじきのけるということわざがある。これは力で勝つというものでない。小さな力で重い物体を持ち上げる、梃子の力学を応用したものである。この理屈を、はっきり自覚しなさい、また、老人が大勢の人にも勝つことができる。これはなんと痛快であろう。

年配になると肉体が衰え、動作が緩慢になるものだが、有名な武将・廉頗《れんぱ》などは、年老いても若者にひけをとらなかったという。これは手足の速さのみに頼るのではなく、心技といわれる「勁」の問題である。

立如平準、活似車輪。偏沈則随、双重則滞。

太極拳で立つ場合は、上下のバランスをとり、体を安定させなければならない。そして動きだしたら、車輪のようにまろやかに体を動かす。偏き沈《かたむ》めば、動きはその方向へ崩れ、双重であれば動きが停滞する。

偏沈はバランスの崩れをさし、双重は、両方が重い（実）ということで、虚実の変化ができないこと。

毎見数年純功、不能運化者、率皆自為人制、双重之病未悟耳。

毎見は、しばしば見られること。純功とは、稽古を積むこと。

数年太極拳の稽古を積んでも、その運用を知らない者は、だいたい人に負ける。よく見られるケースだが、これは「双重の病」が、充分理解されないためである。

欲避此病、須知陰陽。粘即是走、走即是粘。陰不離陽、陽不離陰、陰陽相済、方為懂勁。

この病（双重の弊害）を治すには、まず陰陽虚実を知らなければならない。相手の力を制することを粘といい、相手の力を柔らかく変化させることを、走という。制することは流すことであり、流すこともまた制することである。走と粘は、一方だけでは成立せず、表裏一体の関係にある。同じように、陰と陽もお互いに不可分のもので、陰陽が合致してはじめて本体となる。つまり、相手と自分の剛柔、虚実を知ることが、勁を悟るキーポイントである。

懂勁後、愈練愈精。黙識揣摩、漸至従心所欲。

精は、精通すること、深く理解すること。黙識揣摩は、黙々と稽古を積み上げる意。勁を心得て太極拳を練れば、ますます理解が深まる。また勁を知ったうえで黙々と修練を重ねると、しぜんに太極拳の妙味（心の動き）を会得することができる。そうすれば、自分の思いどおりの技を、自由自在に使いこなせる。

本是捨己従人、多誤舍近求遠。所謂差之毫釐、謬之千里、学者不可不詳弁焉。是為論。

毫釐とは、中国の旧度量衡の毫と釐のことで、きわめて小さい意。毫本来の意味は、人体のうぶ毛である。毫釐と千里は対語。

自分を捨てて相手に従う（我をはらない、虚と無になる）のが真実だが、多くの者は我をはったり、形にこだわったりして遠くを求める。心構えのわずかな差が、修練に千里の隔りをもたらす。太極拳を学ぶ者は、このことをしっかり肝に銘じなければならない。

大意

宇宙の根源を太極という。太極はもともと無で、動静のきっかけ、陰陽の母である。ひとたび動けば千変万化を生み、静まればもとの無に帰る。この自然法則に逆らうことなく、太極拳の技は過不足なく、相手の曲に従って伸ばす。相手が力強く己が小力の場合は、逆らわずに流すこと、これを走という。己を有利な立場におき、相手を不利な方向や体制におくことを粘という。相手が速く動けば、自分も速く動き、人がゆっくり動けば、こちらもそれに従う。千変万化すれども、そのもとの道理は一つである。

型の積み重ねの稽古により、はじめて「勁」がわかり、「勁」を理解することによって太極拳の極意に到達する。しかし、長い稽古を経なければ、この境地に達することはできない。

無念無想で気を丹田に沈め、姿勢を正しくすれば、相手の左右の虚実を察知し、相手の高低の誘技をも知り、さらに相手の進退をもわかるというふうに、相手の動きに応じた自由自在の変化ができる。ごく軽やかな羽やハエさえも身に触れさせない。人が己を知らず、己が人を知れば向かうところ敵なしである。

武術の流派も多く、その型（技）も多様だが、おおむね強い者が弱い者をいじめ、技の快《はや》い者が技の遅い者を負かすだけのことである。力ある人が力なき人に勝ち、遅い人が速い人にやられる。こんなことは自然の能力であって、稽古を積んで得られることではない。見たまえ、ごく小さな力で重いものをはねのけることができるのは、あきらかに力で勝てるものではない。また、老人が大勢に勝つことができるのも、老人の技が速いから勝てたのではない。なんと痛快なことであろうか。

立てば平準の如く、動けば車輪の如し。偏き沈めば動きは崩れ、双重であれば動きが滞る。何年稽古をしても、応用できなければ、ことごとく人にやられてしまう。これは「双重の病」を悟らないからである。もしこの病を避けようとするならば、すべからく陰陽を知らなければならない。粘は走であり、走もまた粘である。陰陽は不離であり、相済《たす》けてはじめて勁を悟る。勁を心得て太極拳を練れば、ますます理解が深まる。そして黙々と修練を重ねると、しぜんに妙味を会得することができる。本来は、心を無にして相手の出方に応じるべきものだが、多くの人は誤って近きをすて、遠きを求めている。心構えのわずかな差が、修練に千里の隔りをもたらす。太極拳を学ぶ者は、このことをしっかりわきまえなければならない。

行雲流水

帥立志師篆刻「鶴の舞」

鶴の舞

私は、このところ太極拳を演武するとき、鶴が飛翔する姿を連想し、その優雅で繊細な動きに近づきたいと念じている。そこで、太極拳を「鶴の舞」と紹介している。

もともと太極拳は、鶴と蛇の闘争からヒントを得て創作されたと伝えられている。鶴は亀と並んで長寿のシンボルであり、お祝いごとに必ず登場する動物である。鶴がどのように体を動かし、どのように呼吸するかを克明に観察し、それを人間に当てはめたら、人間も動物と同じように長生きできるのではないか——これが太極拳の発想である。太極拳だけでなく、護身術、ひいては外敵から身を守る武術の源である。

中国武術の起源は、後漢時代の導引《どういん》術にさかのぼるといわれる。導引とは、腰を中心に身体を曲げたり伸ばしたりする屈伸運動をいい、おもに血行をよくするための一種の健康法である。

当時、名医といわれた華佗《かだ》は、五禽《きん》（虎、鹿、猿、熊、鳥）の動き、スピード、身のこなしをよく観察して『教本五禽経』を作った。この動物の動きからヒントを得た運動は、健康法としてかなりの効果があったらしい。

華佗の弟子、呉晋《ごしん》が教本どおりに五禽法を実行したところ、九〇歳になっても頭髪はふさふさと豊かで、血色もよく、長寿を保ったという。万里の長城を築き、不老不死の妙薬を万国に探し求めた秦始皇帝さえ、わずか五〇歳で没している。九〇歳という数字は当時としては驚異に近い。

これは余談だが、華佗は後漢の末期に活躍した人で、外科医としての手腕にすぐれていたといわれる。麻酔剤を考案し、脳手術や開腹手術を行なって、当時の奇病や難病を治したという。この名医にあやかって、漢方薬を扱う薬屋さんでは、華佗の名前を屋号にしたり、「華佗膏」のように商品名に華佗の名前をつけたものもある。これは水虫に効く塗り薬である。水虫に悩んでいる方は試してはいかがか。

華佗は、のちに魏の建国者、曹操《そうそう》の怒りをかい、とらえられて獄死するという悲劇的最期を遂げた、といわれる。

華佗の考案した五禽法は、いつしかほかの体術などに吸収されていったが、五代に入ってから、インドの帰化僧、達磨大師が河南省少林寺で「五拳」というものをまとめた。これは、虎、竜、豹、蛇、鶴の動きを基本にした、出家僧のための健康法、護身術である。少林寺拳法の始まりである。

太極拳、八段錦の源は、こうした動物の動きに学んだ昔までさかのぼることができ、さまざまなエッセンスをとり入れて今日まで伝えられてきた、貴重な文化遺産である。

太極拳は型こそ鶴の動作を多くとっているが、動きは亀の歩みに似て非常にのろい。そして丸く柔

唐招提寺で

らかい。しかし、たゆまず練習を積み重ねると、ついには健康という勝利を得ることができる。その意味でも、太極拳は日本人に愛される鶴と亀の長所を兼ね備えた医療体術だと思う。

私はまず自分自身が太極拳に酔い、そしてまわりの愛好者、観衆をも酔わせたいと念じている。残念ながら、現在の私は自分が酔うのに精いっぱいで、まだまだ仲間を陶酔させるだけの魅力は不充分なのではないかと思う。しかし、命あるかぎり自分が鶴になったつもりで舞いつづけたいものである。自分の健康づくりだけでなく、他人の健康づくりにも微力を尽くししたいために。

気功

中国の武術は、歴史的に見て気功、硬功、軟功、軽功に大別される。このうち、気功は中国医学の遺産、養生学の一部分であり、数千年に及ぶ長い歴史を有するものである。その間絶ゆまざる創造と改良、実践を通じてみがき上げられた〝経験の宝〟ともいえるもので、簡便、有効、易学、易行の自我鍛錬方法である。そして、老若男女を問わずだれにでも実行でき、自己の健康管理と疾病予防に役立つことから、現在の中国では、人々の手近な健康法として親しまれている。

気功は静功と動功に大別されるが、静功は体や手足を動かさないで「気」を鍛錬するものである。静功は一般の静坐とはちがい、一定の鍛錬姿勢、呼吸、精神統一を伴う運動で、松静功、内養功等がある。

動功は鍛錬時に手足の動きを伴うものであるが、いわゆる普通の肉体運動とは異なる。一定の鍛錬姿勢のなかで、精神と動きを呼吸で結ぶ高度な精神集中が必要となる鍛錬方法なのである。太極拳、八段錦、五禽戯等が動功に含まれる。

気功は姿勢、呼吸、精神統一の三結合がなされたとき、最大の効力を発するが、なかでも呼吸の鍛錬は重要視される。呼吸は人体の生命活動にたいせつで、生をうけ、それが終わるまでとどまることなく生命を刻むからである。

動物は酸素をとり、二酸化炭素（炭酸ガス）を吐くことで、植物は反対に、二酸化炭素をとり酸素を吐くことで、調和のとれた生命活動が保たれている。人がもし充分に酸素を吸い、酸素を利用することができなかったら、生理活動は正常に行なわれなくなり、死へと至る。

呼吸法は、気功の基礎であり、健康法として単独に用いても効果がある。かつて道家（老子、荘子の教えを奉じる人たち）では、不老長寿の仙法として、「吐納法」あるいは「吐納術」といわれる術を秘伝にしていたが、これは呼吸法のことである。

一九六〇年、私が日本に紹介した当初から八段錦は気功の代表的な健康法として取り入れられ、太極拳も気功を通わせたやり方であった。私どもがやっている八段錦、太極拳は、まさに気功法と言っていいもので、時機到来、気功太極拳として今後ますます評価され、愛好者がふえると確信している。

帥立志師篆刻「静」

行雲流水

一九七五年二月十五日の「朝日新聞」は、北京の吉田特派員の記事「国際化する太極拳――初の外人向け講習会」を載せていた。ご覧になった方も多いはずだが、ここに長文を引用させていただく。

国際化する太極拳

中国の伝統的な民族文化遺産として知られる太極拳が、いよいよ国際的になった。十四日朝、北京市の国際クラブで始まった、向こう二か月間の外人向け講習会には、三〇か国近くから約一五〇人の希望者が出て、たいへんな盛況。

うち日本人が三一人で最も多く、これに続いてフランス、西独、英国、カナダ、ベルギーなど西側諸国からの参加者が目立つ。第三世界からはイランやレバノン、エジプトなどアラブ諸国の人たち、それに〝ブラック・アフリカ〟諸国の人たちも散見された。中ソ対立のさなかなのに、ソ連からも四人の参加者がいた。

太極拳とは簡単にいってしまえば、手足をゆっくりと動かす一種の体操のようなもの。特徴は柔軟、緩慢、円滑、連続性にあり、「行雲流水」のように、最初から最後までとどまるところがない。

二人の中国人の先生が模範演技を披露した段階では、ごく自然で、力も入れず、やさしく見えた。ところが、実際やってみると、足腰をかなり使う運動だ。午前八時から九時までの一時間。しまいには体中が汗でぐっしょり。

先生たちの説明によると、この運動は足腰の鍛錬になるばかりでなく、血行をよくして高血圧をなおし、慢性胃腸病など消化器系統の欠陥にも効能があるという。また精神力を集中させるためにもよい運動だという話だ。

本場での初練習の感想をきいてみた。白人の間では、「自分たちの国にはない、独特な動作に、魅せられた」という声が多かった。邦人の間では「運動不足の解消にもってこい」という男性の声が圧倒的。中年の女性の間からは「日本の能の動作によく似ていますね」という感想も聞かれた。「静」の中に、はっきりとした「動」が感得できたというのだ。(後略)

すばらしいニュースである。と同時に、これまで教室などでお話ししてきたことが、客観的に、また集中的に簡潔に語られていると思うからだ。

この記事を見て、日本での太極拳普及のうえで、百万の援軍を得た思いがしたものである。

思えば、微力ながら日本での太極拳の普及に努めてきたこの一〇年ほどの間には、さまざまなことがあった。

一九七一年十二月、文化出版局から出した『太極拳』を求めに、ある会員が銀座の書店に行って、『太極拳』ありますか」ときいたら、店員が「太極？　知りませんね。北極や南極の本ならありますけど……」と答えたという。そこで、その会員が「太極というのは、南極でも北極でもなく、もっと大きな、いや、きわまりないことです」と言ったら、店員がキョトンとしていた、と聞いて、みんなで大笑いしたことがあった。

日比谷公園の噴水の前で、真夏の昼にデモンストレーションしたこともあった。頭がおかしいんじゃないか、と思った人もいたかもしれない。

しかし、現在では、太極拳の種が芽生え、日本の各地で花を咲かせようとしている。

中国の古くからの文化遺産である太極拳が、こうして日本の皆さんに紹介され、広まっていくことは、私個人にとってもうれしいことだが、ますます複雑化し、多様化する現代を生き抜く生活の知恵として、太極拳で肉体と精神のバランスを追い求めていく人が増えているということでもあろう。

健康と長寿を求める声は、中国、日本だけでなく、世界中に大きくなっているといってもいいのではないか。太極拳（Tai-Ji）は世界の人々の友達になれる要素をたくさんもっている。

心の静けさ

太極拳は、達磨大師が少林寺で創立した五拳に深い関係がある。この五拳はのち少林拳とよばれるが、その意図するところは禅僧の精神修養、護身鍛錬、健康増進にあった。これらがすべて坐禅と併行して行なわれたのである。つまり、五拳は禅僧の坐禅に必要な強固なる精神力と頑強なる体力を培うのが当初の目的であった。

この五拳に精通し、それを一般の人たちにも向くように動きを柔軟にしたのが今日の太極拳である(現在、私が指導しているのは簡化太極拳)。したがってその精神の根本は変わらず、禅的要素が深くはいり込んでいるのである。

禅は、あくまで信仰の世界である。それは仏教の無常観に深く根を下ろしたもので、人生を旅とみなし、道のないところに「道」を求めるという、真理探究者としての旅人たる人間の姿勢を確立するものである。「道」を求めるということは、とりもなおさず、「いかに生きるか」ということにほかならない。

変遷やまない現世において、このことは永遠不変なるものを自己の中に見いだすことである。その永遠不変なる境地とは、「静」であり、「柔軟心」であり、「無」である。

柔軟心とは現実への抵抗能力であり、これが「精神」と名づけられる東洋的定義である、と私は思う。健全なる精神は健全なる肉体にこそ宿るもので、いわゆる「根性」といわれるべきものがこれである。そして、根性を養うために、武術、芸道が用いられてきたことは周知のとおりである。ここに武術と禅の密接さが見られる。

太極拳においては、自然、無我の境地で、腰を軸に手足のバランスをとり、一定の速さを保ちながら、ゆっくりした柔軟な動作が要求される。このしなやかな動作は日本の能の所作に似ており、手足、指先、目、気（心）を丹田におくことなどもみな相通じている。このことを抽象的に言えば「心眼」という。

能役者は能面をかぶって、その内心や表情を外面にあらわさないが、習練に習練を重ねた域に達すれば、生命のない能面が生き生きとしてくる。太極拳も同じである。極端にむだを除去した能の所作と太極拳の動きは、型を繰り返し練習することによって得られる内面の優美さ、ゆとり――心の静けさという点で通じている。

一般的に西洋人は肉食主義で、東洋人は菜食主義とされるが、肉食主義も菜食主義もむろん一長一短がある。しかし、心の静けさ、無我の境地といった気持は、やはり東洋精神であって、西洋人にはなかなかわかりにくいのではないだろうか。

東洋精神は、合理主義の否定から生まれる不合理の余韻から発しているからであり、無は有に通じるものである。

ゆえに、日本人であろうと、中国人であろうと、他の東洋人であろうと、みなこの精神の自由さを尊んでいる。それは人間の生きる知恵として、あらゆる芸道、宗教、武道の中に織り込まれている。おのおのの道の違いこそあれ、東洋の心は一つであり、相通じるはずである。

太極拳と血液

人間は食べ物によって性質、体質が違ってくる。東洋人はおもに植物性を多くとり、西洋人は動物性の食物を好む。西洋人の体格は大きく、喜怒哀楽を表面にあらわしやすい。反対に東洋人の体格は比較的小柄であり、性質は淡泊なものである。

いわば淡泊なものを食べれば、性質も淡々としている。また耐久力は、粗食であればあるだけ強い。木を食べてても、精神的に耐えることができる。

また、人間はうれしいとき、悲しいときそれぞれ心の状態、体の構造が違ってくる。うれしいときは心がはずみ、身体も軽く外に向かって快い電流のようなものが発散される。こんなとき、身体を流れる血液は、弱アルカリ性になっている。反対に、心が重く悲しみにくれていたり、イライラして落着きを失っている場合、血液は酸性になる。

太極拳は、深く静かな呼吸とゆったりとした動きによって、イライラした酸性の血液を弱アルカリ性に変えることができる。運動後、全身じっとりと汗ばみ、気分が壮快になるのは、このためである。

しかし、一度運動すればそれでいいかというと、そうはいかない。太極拳効用の持続は、一日が限度。したがって日々さわやかな気分で過ごすためには、毎日稽古をしなければならない。

健康づくりは、だれがやってくれるだろうか？　だれもやってはくれない。自分一人でやらなければならない。

理論、知識を百かかえていても、身体を動かす実践を経なければ、なんの役にも立たないのである。

生あるかぎり稽古し、稽古を通して体質が変えられ、健康が保持されるのである。

帥立志師篆刻
「長為短用，短為長用」

順天者存、逆天者亡

「順天者存、逆天者亡」という言葉がある。私の座右銘だが、意味は宇宙自然に順応する者は栄え（生き続ける）、叛《そむ》く者は滅亡するというものである。

中国古来の哲学は、宇宙を基準にした自然哲学であり、人間も一個の独立した小宇宙と考えるわけである。宇宙は限りなく広く、極（こだわり）がなく、自在（調和）である。

この自然の法則を、私たちに当てはめてみるならば、まず体の根幹を足（土踏まず）におき、全体の要を腰におく。特に丹田に気を集中し、大脳は無念無想、心を静かに、そして体を柔らかく動かし宇宙の気を身体のすみずみまでゆきとどかせる。これが健康になる秘訣であり、またすべての芸術の道、武道の道に行きつくところであると思う。

太極拳も一つの芸術であり、人間の身体も精巧な芸術品である。無理をしたり、気を病んだりすると、必ず身体をこわす。同時に、心を柔らかくし、身体を無理なく動かし、呼吸を整えていけば、また元の健康な身体に戻れるという潜在的な機能をも兼ね備えている。神秘的で、いかなる精密な機械よりもすぐれた芸術品である私たち人間の共通の夢は、健康で長寿を保つことである。

説出便俗

人生の宝「健康」を自らの手で、というモットーの下に、太極拳普及運動はようやく日本の地に根をおろしたようである。それに伴って、読者、マスコミ関係、愛好者から手紙をいただくことが多くなった。だいたいは、太極拳とはどういうものか、その心、どんな効果があるのかといった質問の形である。

そんな場合、私は「説出便俗」の四字で太極拳の心を説明している。説出便俗とは読んで字の如く、ああだ、こうだと理屈めいたことを言えば俗っぽくなり、そのもののもつ奥ゆかしさ、優雅さが失われてしまうという意味である。つまり言葉で表現できるものと、不可能な場合がある。恋人たちに言葉はいらない。もし、愛の言葉を探し当てたとしたら、およそキザで俗っぽいものとなり、興ざめすることであろう。

そのように、太極拳の心を、始める前にかくかくしかじかと説明できるものではない。かりにできたとしたら、稽古という貴重な体験が生まれてこない。わからないということは自分で「やってみよう」という心の踏み台になる。

太極拳のような心象の世界は、結局、言葉では表現不可能なもので、五年、一〇年、二〇年と稽古を積み、春秋の機微を自分の心で受けとめ、体で感じる奥ゆかしさをもって、はじめて自分のものとなるのである。

無言の太極拳指導、これは私の遠い夢である。

迫力と美しさ

ある会員のご厚意により、渋谷の能楽堂で能を見ることができた。学生時代、吉川幸次郎先生に引率されてはじめて能見学にいったのを含めて、六、七回は足を運んでいる。最初の能見学を除けば、いずれも太極拳会員の招待によるものである。

演題は忘れたが、憂いを含んだ面をつける「女物」ではなかったか。能では、「面をかぶる」とは決して言わないそうで、「面をつける」と言い、面はメンといわずオモテとよぶそうだ。それはかぶるのではなく、面を自分の顔につけることによって、自分が女になりきるという芸道の極意だということを本で知り、能舞台により興味をひかれ、誘いのたびに応じてきたのである。

今回、特に感銘を受けたのは、檜造りの舞台と客席の空間美もさることながら、老能役者の体内から発散される「迫力」である。能の動きは、極端なほどむだを省いた地味なもので、ややもすると見る人を飽きさせるものだが、それが少しも感じられない。強靭な腰に支えられて、静かにゆっくり身をこなす役者の身体は、どの角度から見ても柔らかく美しい。

加賀の出身で、能には目のこえた会員が、以前私に言ったことがある。

「先生の太極拳は、能装束をつければ現役の能役者と肩を並べられます。一度、能舞台で先生の太極拳を拝見したいですネ」

彼が世辞でそう言ったのか、あるいはほんとうにそう感じたのかは別にして、確かに能と太極拳は、一糸乱れない呼吸、静かな足の運び、全神経を統一してゆっくり動く身体を、バランスのとれた美しさに昇華させる点、非常に似ている。

激しさと迫力とは違う。簡素な動きと、静かなものの中ゆえに、内面の充実した気魄が伝わってくる。人生のひだをいくつも経験し、稽古の中で培われた「自信と余裕」とでもいえようか。

芸術は、剛（迫力）と柔（美しさ）が相備わってこそ価値が生まれる。美しさ、外見の華美だけで、迫力が伴わなければ、飽きがきて長続きすることはできない。剛柔の微妙な調和のもとに、太極拳の芸術性も成り立っていることを、日本の古典芸能の中に見ることができた。

太極拳は無限の芸術

名古屋の朝日文化センターでは『あさひさろん』という月刊誌を出しているが、一九七九年の二月号の「講師プロフィル」という欄には、私が取材され、登場した。

朝日文化センター事務局の前田さんが取材して、まとめられたものである。限られたスペースの中で、なかなかよく書かれているので、ここに再録させていただく。経歴は省略させていただいた。

――先生と太極拳の出会いはいつですか。

「出会いも何もなく、二、三歳のころから覚えました。楊家は武門の誉れ高い家族で、先祖と蒙古軍との戦いを劇化したのが有名な京劇『楊家女将』です。私の太極拳は、楊家に伝わる武術としての太極拳を健康本位の舞踊体操に再編成したもので、私流の考えが加わった独特のものです」

――太極拳の名称の意味は。

「『易経』の中にある太極からとられています。太極は無限、すなわち大宇宙です。拳は技または術。有心から無心へ、小宇宙を去り大宇宙へ帰る心技一体の技です。技というと誤解を招きやすい。拳という字をとり太極とだけよんではどうかと思っています。柔術を柔道とよんだ嘉納治五郎先生に習えば、太極拳も技というより道に近い」

――ずいぶん哲学的なお話になりましたね。

「そのとおり。太極拳そのものは数千年前からあります。鶴と蛇の闘い、戯れを象徴化したものといわれます。太極拳が現在および将来にわたって存在理由をもつためには哲学、理念をもたなくてはいけません。嘉納先生の言われた『自他共栄』これが太極拳の理念です。他の幸福を願うことによって、自らも幸福になるという心です。その点宗教的で、特に禅に近いですね。事実、神戸の臨済宗祥福寺の専門道場師家（指導者）河野太通師が、去年の十一月からこのセンターへ来られ、私の教室で太極拳を研究しておられますよ。坐る禅から動く禅へ、そのヒントをつかむためと聞いています」

――今度は、太極拳を少し具体的に説明してください。

「身体を柔らかく丸やかに、ゆっくり動かすことが基本。そのねらいは意識、呼吸、動きが三位一体となって、経絡に添って気血の流れをよくするにあります。最初に〝八段錦〟という簡単な柔軟体操を行ない、身体の関節をほぐします。これだけでも相当効果がありますよ。今年は〝八段錦〟の解説書を作って普及に努めたいと思っています」

――太極拳はだれでもできるものでしょうか。

「教室には八十三、四歳の老人も、一〇代の若い人も、健康な人も弱い人も、アメリカ人もフランス人もいます。私は技に優劣はつけません。一人一人が身体を柔らかく、心を柔らかく、姿勢を正しくするよう心がけてくだされぱいいのです。教室だけでなく、家庭でも毎日三〇分間、できる範囲の技をやっていると必ず効果があらわれます。不眠症が治った、血圧が正常になった、食欲が出てきたなどとね。身体の病気のもとは心の病気です。両方の病気を同時に治すのが太極拳です。ただしこれは医療的一面。他面、太極拳は芸術です。芸術は無限でしょう。ここに太極拳の尽きることのない魅力があるのです」

ここで若干の補足を加えたいのは、「武術としての太極拳を健康本位の舞踊体操に再編成した」という個所である。

友好会の会員の方はすでにご存じのことと思うが、一般の方の誤解を招くおそれもあるので、少し補足したい。

今、私のやっているのは簡化太極拳である。簡化太極拳は、中華人民共和国成立後、毛沢東主席の呼びかけのもとに、一九五六年八月、北京国家体育運動委員会が、専門家を集めて楊家太極拳を大幅にとり入れ、さらに太極拳各流派の長所を精選、編成して制定されたもので、二四の型に短縮され、起勢から収勢まで、単純なものから複雑なものへと組み立てられている。

私も制定直後に、中国から掛図式の簡化太極拳の図をとりよせてみた。もともと楊家太極拳を幼時からやっていたから、楊家太極拳が大幅にとり入れられた簡化太極拳の動きは、すぐに理解できた。その後、日本で紹介、普及するようになり、現在に至っているわけである。

だから、私が再編成したようにとられると困るし、太極拳の名称が『易経』の中からとられているのを、私がとって名づけたと誤解されては困る。

ただ、太極拳には武術的な面もあり、個々の型を解剖してみると、防禦、攻撃の型からできているが、勝敗を決するための技をみがくものでなく、内面の気、心を養うものであるから、心身の和、健康法的な面を強調したかったのである。年齢性別を問わずだれでも太極拳を学ぶことができ、特に、年配の方、病弱な体質の人でも充分マスターでき、心身を鍛えることができる点、万人向きの運動である。

そうした基盤に立って、日本で普及するうえでは、私流の考えが加わっている、ということはできるだろう。

八段錦を太極拳といっしょにやっていること、心をひろくもって、太極拳を「鶴の舞」として紹介し、その優雅な美、外柔内剛の迫力ある芸術性を申し上げていることなどは、その考えの一端である。

「今年は八段錦の解説書を作って」というのは、青春出版社から出した『125歳まで生きられる』のことである。

井戸の水は河の水を犯さず

中国の格言に、「井戸の水は河の水を犯さず」というのがある。人にはそれぞれの領域それぞれの道があり、お互いに邪魔し、排斥してはならないという意味である。この古い格言は、中国ではいわば一種の紳士協定であり、相互不侵犯である。ほんとうに人道としてそうありたいと思うのは、最近干渉や侵犯されることが、多々あったからである。

特に若い人に多く見られる現象だが、現代人は他人のことを気にしすぎる。他人を倒したり、追い越してでも己の出世を望むというように、あまりにも自分よがりな人が多すぎると思う。はたしてこれでよい社会、暮らしよい世界がつくれることであろうか。

太極拳は静かに動く中で、自身の体調を知るだけでなく、自身の手で治療することができる、すばらしい特徴をもっている。元来、人間の健康と幸福を築く第一条件は、「自力更生」である。つまり、自分自身の力で立ち上がること。そしてどうしても自分で足りないとき、はじめて他人や医者の力を借りることである。自分自身の将来は、自力に頼るのが最も賢明であり、決して他人を蹴とばしたりして、己の出世のみを求めたりしてはならないのである。

無心に集い、黙々と稽古し、そして無心に帰る。このなにげない日々の繰り返しの中に、人の和と相互不侵犯の重要さを知らせてくれる。太極拳は、私にとっていつも人生の師である。

世上無難事

一国の宰相や、国の動向に大きく関与するような政治家でも文筆にも秀で、詩歌もよくするということがある。人間的な幅の広さと深みとして一般的にはとられるようだが、政治的な意味でもその詩文の重要性ははかりしれない。

詩人として知られる中国の毛沢東主席の場合もそうである。一九六五年に作った詞二首「水調歌頭・重《ふた》び井岡山に上る」と「念奴嬌・鳥の問答」が、一九七六年の正月に発表された。「毛主席の勇壮な気概にみちた詞に、中国各地の人民は大いに励まされ、力づけられた」と当時の新華社＝中国通信は伝えていた。

「水調歌頭・重び井岡山に上る」の後半は、

風雷動　　　　風雷動き《とどろ》

旌旗奮　旌旗《せいき》奮《はため》く
是人寰　これ人の寰《よ》なり
三十八年過去了　三十八年は過ぎ去りぬ
弾指一揮間　つかのまなりき
可上九天攬月　九天に上りて月を攬《と》るべく
可下五洋捉鱉　五洋に下りて鱉《べつ》を捉《とら》うべし
談笑凱歌還　談笑、凱歌のうちに還《かえ》らん
世上無難事　世に難《かた》き事なし
只要肯登攀　ただ肯《あ》えて登攀《とうはん》を要するのみ

とある。

末尾の二行には、政治的意味を別にしても、私は特に親近感と温かみを感じた。

私が会員に太極拳奥伝の免状を与えるとき、次の言葉を書いているので、いっそう印象深いのかもしれない。

「世上無《シシアンウ》難事《ナンシ》　只《チ》怕有心人《パアイオウシンレン》」

世の中で、心を定めて努力さえすれば、難しいことは何もない、という意味である。「世上」は世の中、「無難事」は難しいことはないの意。「只」はただ、「怕」は恐ろしい、恐れる、こわいなどの意味がある。「有心人」は心ある人というような意味。直訳すると、ただ心ある人がこわい、ということになる。

この心ある人、つまり心がけがこわいという表現の裏は、心がけが大事であり、肝心であることを強調したものである。

この言葉は、数ある成語の中で、中国人ならだれでも知っているもので、人を激励するときなどによく使われる、いわゆる人生訓の名言だが、今日の中国では国土建設に励む人々の精神的支えになっている。毛主席はこの成語を巧みに詞に織り込んだものである。ここにまた、毛主席の思想をうかがうことができるような思いがする。

「ただ肯えて登攀を要するのみ」とは、人生行路でも、仕事の成就でも同じくいえることだろう。ただ、登攀のための体力、健康が必要で、そのための体づくりは、改めて申すまでもなく、各自日常生活の中に組み込んで、自ら心がけなければならないことである。

蔵王で

望遠鏡と顕微鏡

一九七八年十月二十一日に山形市で開かれた健康と長寿の集い・山形大会の会場で述べたことだが、中国の人と日本の人と比べると、望遠鏡と顕微鏡にたとえられるようだ。

もっとも、これは私の創見ではなく、私の日本にいる中国人の友人が言ったことである。彼によると、日本の方は、顕微鏡を見るように、目先のことは細かいところまで見え、的確に処理するが、どうも遠い先のこと、大きなことになると見通しがきかないようだ、という。それに反して、中国の人は、遠大なことは、望遠鏡のように読みとることができるが、当面する事柄を細かく、的確に処理することはあまり得意ではないようだ、というのである。

なかなかおもしろい意見だと思う。これは一般的な比喩だから、両国にはこの反対の人もいるわけで、一概に決めつけるわけにはいかないが、私が思うには、顕微鏡を持ち合わせると同時に、望遠鏡も持ち合わせることがたいせつなのではないだろうか。顕微鏡だけでも望遠鏡だけでも不充分である。遠くを見ながら近くも見ている、近くを見ながら遠くも見ていることが必要だというわけである。

顕微鏡《マイクロスコープ》は微細な物体を拡大して見る装置。望遠鏡《テレスコープ》は円筒の一端に凸レンズ（対物レンズ）または反射鏡をはめ、これによって生じた遠隔の物体の像を接眼鏡によって拡大して見る装置。——と辞書にはある。

望遠鏡で近くの微細なものを見るわけにはいかず、顕微鏡で遠くを見るわけにはいかないが、望遠鏡なり顕微鏡を見る視点というふうに考えれば、視点を変えて見ることがたいせつだと思う。

大胆にして細心であることが望まれる、ともいえよう。大胆だけでも、細心だけでも充分ではない。

かつて勝海舟が、次のように言った、と聞いたことがある。

事之未成小心翼々、

事之将成大胆不敵、

事之已成油断大敵。

つまり、事に臨む前は小心翼々、事に臨んでは大胆不敵、事を成し遂げたあとは油断大敵というわけである。

人生にも、太極拳の稽古にも共通して学ぶべき心得ではないだろうか。

体で呼吸する

一九七九年五月二十日、吉川嘉之さんのご尊父、吉川八郎氏の古稀の祝いが、帝国ホテルで行なわれた。戦争中の体験や相模原武道学園長としての苦心談などをまとめた『七転八起』の出版記念を兼ねたものであった。

当日、吉田外科病院長・吉田誠三先生も名古屋から駈けつけてこられ、乾杯の音頭をとられた。聞けば吉田先生は、シルク・ロードの旅でごいっしょだったとか。

会は盛会のうちにピリリと引き締まったもので、私は白鶴の舞・太極拳でお祝いをさせていただいた。金屛風を背にして、私はご尊父と来賓の方々の健康と長寿を祈りながら演武した。

太極拳の次に演武されたのは、武道学園の師範・湯野正憲先生であった。湯野先生は剣道界では有名であり、武道館時代に私の太極拳を稽古した人である。突然演武の席上から、私の呼吸法についてお褒めをいただいた。先生の指摘した点は、鼻だけでなく、体全体で呼吸している。特に、脚、腰でそれが全体の調和を醸しだしているとのこと。

私はハッと思い当たることがあった。幼少のころ父から太極拳を授けられていたとき、鼻による呼吸だけでは充分でなく、必ず体全体で行ない、その不足を補うべきだ、とよく言われた。当時の私には、父の言葉が理解できなかった。現在もわかるとはいえないが、数十年の稽古が私に少しでも「体で呼吸する」ことを会得させたのではないか。

湯野先生は数年前、医者から不治の病を宣告されたが、呼吸法でその病を克服され、今日では元の健康体に戻られつつあるとのこと。

さすがに呼吸法については、一般人とは違った鋭敏な感覚をもたれていると感服した。

人生、武道、芸道における生命の根源は、呼吸にあると言わざるをえない。

知足者、常楽也

「知足者、常楽也」は、私が自分自身に言い聞かせていることでもあるが、満足を知る者はつねに楽しいという意味である。人間、夢をもつことは必要だが、といって、いつも不平不満を言っていては、心がまずしくなる。満足を知ることによって楽しみが生まれてくるのである。

足ることや限度を知ることは、謙虚でなければならないし、心の平安につながる。それは心だけでなく、体の健康にもかかわってくる。

私は、一日一日を精いっぱい生きて、その夜、ぐっすりと熟睡し、明日に期待をかけることにしている。

私が日本で八段錦、太極拳を普及しようと心がけてきてから、もう二〇年になる。今、どの教室も充実してきている。

たとえば、名古屋の朝日文化センターの教室は、昼夜とも超満員である。当初、夜は満員だったが、昼は十数名だった。第一期の方々が今も七、八名継続しておられる。指導員が何名も出ている。最高齢者は七八歳の高橋喜代次氏である。名古屋の奥伝以上の方たちの会の奥伝会の代表者である。

高橋氏は老人ホームをあちこちまわられる。むろん、無料で八段錦などを指導するためである。そして、お年寄りにたいへん感激されている。もし若い指導員なら、よく足が上がるなあとか、きれいなものだと、よそごとのように見られる。ところが、自分より年配の人が、あるいは同じ年配の人があんなに元気なのだから、がんばらなくちゃと勇気を与えられる。年配の方には年配の方のよさがあり、若い人には若い人のよさがある。

以前は、私は、毎週月曜日、新幹線で名古屋に通っていたが、今は、私が月に一度、東京の指導員が一度、地元名古屋の指導員が二度という割合である。名古屋に定期的に私が行かれなくなっても、稽古は続いていくだろう。名古屋は実りつつある。

私もやれるだけやるが、……帰りの新幹線の背にもたれて、うれしかった。今日も精いっぱいやった、という思いである。

よい後輩を育てられる一門は必ず栄える。先生よりすばらしい弟子を育てられる先生がすばらしいことだと思っている。

信心、決心、恒心

「信心、決心、恒心」とは、中国で昔から、あらゆる勉強、稽古事の心がまえについて言われていることわざである。

三つという数は、すべての基本の数だが、ここでも心が三つとり上げられている。

まず、「信心」。第一に、学ぼうとすることを信じなければならない。自信をもつこと、自覚をもつという意味も含まれている。

中国では、今、一人一人が四つの現代化に向けて国をあげて努力しているが、そのためにも自覚と信念をもつことが必要だ、というときにもこの「信心」を使っている。

辞書には、信心とは、「信じて、祈ること」とか、「神仏を信仰して祈念すること。また、その心。信仰心」と説明されているが、ここでは、あまり狭くとらずに、「信」の字の成り立ちのように、ニンベンに言、つまり、人の言、人の言葉ととれば人を欺かぬこと、言をたがえぬこと、信用すること、信頼することと基本に戻って解釈したほうがいいだろう。「信」には、また、たより、音信、手紙の意味もある。人が言いたいことを伝達する手段である。言っていることが本心でないなら、信がおけないことになる。

まごころを伝えるものでなければならぬ。学ぼうとすることを信じ、あるいは、つきあう相手、友人を心から信頼する。しかも、自覚をもった、自信をもった心で信ずることがなければ、すべてが始まらない。いったん信じた以上、次は「決心」である。心を決めて、実践に移るのである。日本の歌にも「決めた心は変わりゃせぬ」という歌詞がある。いったん決心したからには、ぐらついてはいけない。

三番めは、「恒心」。つまり、持続する心、持続していつまでもいつまでも変わらない心のことである。ぐらつかぬ心である。日々継続して努力を積み重ねていくことである。

この三つの心は、太極拳を学ぶ場合のみならず、人生万事に通じるのではないかと思う。この三つの心を貫く心意気で行なうことが肝心かと思う。

しかも、肩肘の力を抜いて、心をひろびろさせて、気持よく、楽しく身体を動かすことである。このことは健康法につながる。

日々健康でなければならない。

帥立志師篆刻「延年益寿不老春」

延年益寿不老春

中国に、昔から伝わる太極拳のことわざである。簡単に日本語に訳すと、年齢を延ばして寿命に益をもたらす、年をとらないわが世の春、ということになる。

太極拳をやっていれば、年輪を加えつつも、ふけないで、若々しい情熱を保つことができる、と解釈してもいいだろう。

このことは一個人にとってはもちろん、企業にとっても組織にとっても、望ましい姿であろう。新年を迎えるとき、この言葉をいつも思い出す。

しかし、ただ手をこまねいているだけでは、こうはいかない。よいと思ったことをコツコツと続けなければなるまい。

「行之苟有恒《シンチコウイオウヘン》、久久自芬芳《チイオウチイオウツフエンフアン》」

これも私の好きな言葉の一つだが、直訳すれば、「長くやればしぜんに芳しい香りが出てくる」ということ。長く稽古すればよい結果が得られるというたとえである。

決して急いではならない。一歩一歩確実に進んで、次に全体の流れを注意するのがいいと思う。階段をのぼるとき一度に二、三段とばしてのぼると、ころんでしまう。

効をあせってはならない。効果を求めるよりも、むしろ落ち着いて三度の食事をとるように、毎日欠かさずにやることがたいせつである。急がず、あきずに。そうすれば学習の効果はしぜんに身についてくるものだ。

長江（揚子江）の流れのように、悠々と絶えず前進したいものである。

帥立志師篆刻
「軟為硬用」

功夫不騙人

二月は、一年中でいちばん寒い時期である。陰暦で衣《き》更着《さらぎ》というのも、衣類の調節をしなければならないほど、寒さが加わるということであろうか。

ある年の冬、東京では二度雪が降り、例年にない厳しい寒さであった。太極拳の各教場には、年配者もかなりおられるので、通うのにたいへんだったと思った。しかし、雪の日でも稽古者は減らない。むしろふだんより多いくらいである。高齢者には、帰りの道で滑ってケガなどしなければいいがとこちらが心配するほどであった。

また二月は、朝日カルチャーセンターなどは来期への継続時期にあたる。三か月一期で、何年でも継続して稽古できるシステムだが、朝日カルチャーセンターでは転勤あるいは家庭の事情などでやむなく継続できない人は、各クラスで一割前後である。時には、たった一人の場合もあった。一クラス四○名の定員中、三九名は引き続き太極拳の稽古を行なうということは、何を意味するものであろうか。

それは稽古することによって、自分の体が調子よくなることの証しである。若い人、年配者、あるいは現在、体が少々弱い人でも体に新しい条件を加えれば、変化がおき全身の機能を活発にさせる。

この条件、つまり刺激は毎日のごく平凡な稽古の積み重ねから生まれる。

我々の身体には、数多くの筋肉がある。これを平均して使うことが、健康を維持していくために必要である。ところが、ふだん我々が使う筋肉は、一方的でかたよっている。たとえば歩くときは前ばかり、字を書くのは右手だけ、車の運転は上半身といったぐあいである。一部分の筋肉を使いすぎると疲労が残り、使わない筋肉は年とともにどんどん退化してしまう。

太極拳運動は、全身の筋肉を緩め、ふだん使わない筋肉も平均して使うため無理なく体を動かす。しかもその動きが丸く、ゆっくりしたものなので、各人の体調に合わせたトレーニングが可能になってくる。

運動後は全身の筋肉がほぐれ、血行がよくなり気分が和らいでくる。

太極拳の稽古を一年、二年と積めば、必ず身体によい変化を生む。その変化が本人に意識されない場合があるかもしれないが、身体を通した実践には、それぞれの年月に応じた成果がつく。技というものは、本来そういうもので、いくら器用でも一〇年は二〇年を越せるものではない。

まさに「功夫《ゴンフ》不騙人《プピアンレン》」である。功夫は、時間、ひまなどの意味もあるが、ここでは、長期にわたる習練、習練によって得た技、稽古のことをさす。稽古だけは人をだまさない、というわけである。

太極拳を長い間稽古されている大東文化大学の桐野一文先生は、同窓会などで友人に会うと、「性格がおだやかになったね」と言われるそうである。また主婦の柳沢さんは、級友に姿勢がよいとうらやましがられ、級友に太極拳を指導することになった。

太極拳は、競争を超えた世界である。仲間同士が同じように動くことで、みなよくなる。上手下手を比較するのではなく、今日の健康を喜び、さらに明日への健康を得るのが、稽古者の共通の夢である。

その夢に向かって、いっそうの努力をしてほしいものである。

梅花耐風雪

このごろ、よく太極拳の教室で話をする詩句がある。

梅花耐風雪
到時放雅香

梅の木は風雪に耐えて立っているが、時到れば花咲き、雅香を放つ、という意味である。

梅の花が香ばしい匂いを放つには、風雪に耐える月日が必要になる。と同様に、春先に比較的暖かい日が続いていても、本格的な春になるには、まだ寒い日を経験しなければならない。

太極拳も同様で、毎日の稽古を積み重ねてこそ、よい結果が得られるのである。

これは太極拳以外にも言えることではないだろうか。結果ばかりを急いで得ようとしないで、求めずして得るという気持で日々習練、努力を積まなければならない。結果を期待しすぎて、望みどおりにならなかったらガッカリする。あまり即効薬的に効果を期待しないで、風雪に耐えながらもコツコツと努力を重ねることがたいせつだと思う。要は根気と努力である。

梅の花といえば、中国の国花である。故毛沢東主席もたいへん好まれたようだ。毛主席記念堂にも梅が彫られていた。

ところで、一九七九年春、日本の国花、桜の咲くころ、故周恩来総理夫人、鄧穎超全国人民代表大会常務委員会副委員長が日本へ来られた。かつて桜の花の咲くころ、日本を去って激動の中国へ帰った周総理は、ついにふたたび日本の桜を見ることなく、一九七六年逝去された。小柄で風雪に耐えて生きてこられた鄧穎超女史が、日中平和友好条約が発効したのち、日本の満開の花を前にして、桜の日本へ行けることを願っておられた周総理の願いを満たしたとき、さぞ感慨深かったことであろう。

日中平和友好条約締結後、はじめての春にあたる一九七九年は、日中両国間には明るい話題がいくつも花咲き、さらに友好関係は発展した。

中国はアメリカとも国交を正常化した。日中とも、日米ともいずれも長い風雪の歳月があったが、新しい時代を迎えた。

一月、日本政府が中国に派遣した初の芸術団体、日本歌舞伎訪中使節団は、中国で「忠臣蔵」や「鏡獅子」を演じ、たいへん好評を得たという。両国の文化交流の長い歴史のなかでも画期的なことであ

上海・復興公園で

り、両国の友好関係と文化交流のいっそうの発展に寄与した。

中国からは、秋に京劇が訪日した。京劇の俳優にも太極拳の愛好者が多い。太極拳の仲間、四、五百人といっしょに京劇を観劇したことは、忘れえない思い出である。

梅雨どきの健康

日ましに緑が濃くなって、まもなく梅雨を迎える。

梅雨どきは蒸し暑く、不快指数が高まり、寝苦しい季節である。だからといって、我々がその季節を飛び越すことは不可能である。自然には、四季折々の変化があり、その変化に順応しながら、人間は生きつづけてきたのである。

日本は、自然環境に恵まれた国である。年中暑いところだと頭の回転も鈍く、労働意欲もわいてこない。日本人が聡明で勤勉なのは、四季のおりなす微妙な変化によるものであろう。

確かに、不快指数が高まると冷静さを欠き、小さなことにでもすぐカーッとなることが多いものだが、よく考えてみると、梅雨は非常にありがたい時期なのである。

適度の湿気は人体の機能を丈夫にする。というのは、機能、器官に適度の刺激作用を及ぼすからである。その刺激に耐えて、心身共に健康でいられる人間でなくてはいけない。四季の変化があるから、喜怒哀楽、五味の感情が豊かになる。充分の雨を吸って植物が生長しないと、物価に響き、生活の条件を欠くことにもなりかねない。

梅雨どきの健康管理は、適度の運動が何よりたいせつである。運動をしすぎると疲労が残る。あくまで各自の体調に合わせた運動量をとらねばならない。普通、一五分ぐらいで精神統一が行なえるものだが、梅雨どきだと三〇分ぐらいはかかるだろう。雑念を払って、いつもよりゆっくり太極拳を稽古するよう努めるといい。そうすれば、深い落着きが得られ、のぼる階段が重く感じられたのが、帰りの足は軽やかに思えるものである。

朝夕二回太極拳を行なえば気分もスッキリし、食欲も出、寝苦しい条件をはねのけて熟睡することができる。

天の刺激を受けとめ、身体を内部から動かすことによって、梅雨に耐えていこう。

夏こそ心の静けさを

暑い夏、私たちの体調をどのように整えたらよいか。私は太極拳を稽古し、ひと汗流して心の静けさを求めていただくのがいちばんよいと思う。

日本の夏は高温に加え、湿度もかなり高いので過ごしにくい。最近ではオフィスだけでなく、家庭にもクーラーを備えるところが多く、いわゆる文明の利器の恩恵を受けている。しかし、文明だけに甘えてよいものであろうか。日中窓を閉め切り、涼しいからといって家にばかり閉じこもっているわけにはいかない。仕事の場合はクーラーなしでは能率も上がらないかもしれないが、それでも仕事の合間、あるいは昼休みなど冷房から脱出して、戸外の木蔭などで太極拳をひと舞いしたらどんなものであろうか。わずかな時間の配分が、恐い冷房病から体を守ってくれるにちがいない。

夏暑いのは自然の哲理である。我々はその哲理に逆らえるものではないが、四季の変化に即応した生活の知恵をあみだしている。行水で涼を得るというのも、日本の昔から行なわれているものだが、現在のような住宅事情では無理である。

幸い、我々にはそれに匹敵する太極拳という中国の知恵をもっている。身体を柔らかくゆっくり動かすことによって全身汗をかき、行水したと同じような涼感を得ることができる。と同時に、精神面も鍛えられるので心が落ち着きさわやかな気分になる。

暑さからくる睡眠不足、過労、食欲減退など、夏は体調が狂いやすく、心の病にもなりやすい時期である。そんなときこそ太極拳をやり、心の冷静さを求めていただきたい。「心頭滅却すれば火もまた涼し」との句もある。火刑に処せられ、端坐焼死せんとする際の快川和尚の悟りにはほど遠くとも、気持のもち方一つで暑くもなり涼しくもなる。

中国で生まれた太極拳を毎日励行し、日本の夏の涼をとり、体調を整えてほしいものである。

中国武術代表団東京公演

一九七七年十月九日の中国武術代表団東京公演の招待状を、日中文化交流協会からいただいたので、村岡久平事務局次長に電話をかけ、感謝を申し述べたところ、前日の八日に尾崎記念館で歓迎レセプションが行なわれるからそれにも出席するようにとのことだった。

実は数年前に、中国から少年武術代表団が日本を訪ねられたときに、パンフレットづくりで武術の専門用語などについて、私もお手伝いしたことがある。

少なからぬ縁を感じて、レセプションに、女流武道家・三宅綱子先生を誘っていっしょに行ったが、大勢の人が出席されていた。日本相撲協会の春日野理事長も見えられ、中国の代表団の青年たちに、今度いつ中国を訪ねて来られるかなどの質問攻めにあっていた。非常に人気があるようだった。

今度の武術代表団の皆さんは、実は約一か月ほど前から、北九州で行なわれている中華人民共和国展覧会に応援出場するとともに、福岡、高松、広島、大阪、奈良、名古屋、静岡など各地で公演して、最後に東京に来られたのである。

その忙しかった日程にもかかわらず、皆さんは少しの疲れも見せずに、はきはきした節度のある態度をとっておられた。

前回の少年武術団のときに来られて、今回再度来られた方もあった。東京華僑総会副会長の呉普文氏が、王亮団長さんを特に私に紹介してくれた。王団長が私と同じ山西省の出身だからである。王団長としばらく郷里の話をしたが、王団長が私に、大寨がすばらしくなったこと、ぜひ帰って見てきなさいと話されたことが特に印象に残っている。

東京公演に行かないかと、朝日カルチャーセンターを中心にして太極拳の稽古仲間たちに声をかけたところ、希望者は合計一五〇名にも達した。

当日、蔵前国技館での公演は、その一五〇名に加えて、中国の仲間の方々や、中国語を学ぶ学生、武道関係者など、観客に知合いが多く挨拶しきれないほどだった。国技館が狭いと感じられるほどに、いっぱいの観客が、次から次に出されるすばらしい演武に、酔ったようになった。

特に、猴拳《こうけん》などの顔や動作の表情などがなんともいえないほどうまかった。こうした演武に接することができたのは、たいへんな感激であった。

太極拳も、とてもしなやかで体が軽くて柔らかくて、よかった。どの演し物も、みんなそれぞれの特徴やすばらしさをもち、峨嵋《がび》刺などども特に人の目をひき、日中友好へのたいへんな共感を得られたにちがいない。

当日、私は日本空手協会の中山正敏首席師範と並んで観覧したが、中山先生もすばらしい、すばらしいとほめられ、特にあの柔らかさ、あの正確な、優美な動きに感心されたようで、「大いに学び得るところがある」と言われていた。

私も同感である。と同時に、日本の空手の場合は、もうひとつ違った意味の〝決め〟というすばらしさがある。それをお互いに交流して学び合えば、それこそ日中の真の友好に通ずる道ではなかろうか、と私は感じさせられた。お互いの欠けるところを相手から学び入れるのである。いつの日か日本空手協会の空手の専門の方たちがぜひ中国を訪問されるよう心から願ってやまない。

中山先生は、また今回の武術代表団の演武をとり入れて体操の床運動などに応用していけば、きっと世界的に新しい発展をすることができるのではないか。ヨーロッパやアメリカの選手たちも、中国のこういったすばらしい動きを学びに来るにちがいない、と言われた。

1977年10月，中国武術代表団東京公演より

私もまったく同感である。これこそ昔のよいものを今に役立たせる、つまり昔の武術のすばらしい伝統をさらに今日のスポーツの分野に生かしていくことが、スポーツに芸術性を加味しスポーツに新しい息吹を与えることになる。中国でいう「古為今用」という言葉のとおりである。

日中の友好には広範囲な、いろいろな面からの交流が、さらにその友好の輪を大きく描くことに通ずるのである。

「発展体育運動、増強人民体質」体育運動を発展させ、人民の体質を増強させよう、と言われた毛主席の言葉が改めて思われるが、中国だけでなく、日本でも同じことがいえよう。健康はすべての出発点である。

顧留馨、周元龍両先生による太極拳の講習会

上海市と友好都市という関係で、一九七七年の秋、横浜市が上海市の代表団を招いた。特に当時の飛鳥田一雄市長の願いで、横浜市の老人福祉健康のために、上海から太極拳の有名な指導者、顧留馨先生と周元龍先生の両先生も来られる話がまとまったのは、たいへんうれしいことであった。

そのことで、横浜華僑総会の烏勒吉副会長が横浜市役所の体育、渉外、福祉関係の責任者を案内して、東京の朝日カルチャーセンターに私を訪ねて来られた。中国の太極拳の指導書の図を使って、横浜市役所で太極拳を指導している仲間が、解説を書くことになった。

横浜市では四回の稽古日があった。十月二十九日、十月三十日（おもに老人ホームの人たちを指導した）に続いて、十月三十一日は朝七時に、横浜の山下公園で飛鳥田横浜市長をはじめ、市の幹部職員、私の関係の太極拳クラブの皆さんもたくさんそろって参加した。顧、周両先生の演武は、とても美しかった。

十一月三日、この日は中学の講堂を借りて、九時半から十一時半まで両先生による講習会を開いた。私の太極拳の仲間にも声をかけておいたので、数十名の仲間たちも来ていた。

年配の顧先生は六九歳とのことだが、とてもそんなには見えない。一〇歳以上若く見える。これも太極拳の稽古の賜物であろう。周先生は私より三つ下との話だった。

太極拳を、いざ始める段になると、両先生は私を壇上に上げていっしょに三人でやりましょうと強く言われる。やむなく壇上に上がったが、今日はあなた方の太極拳から学びたいのでとお断りして、壇上で身近に見せていただいた。

身近に見せていただいてありがたかったのは、足の運びがよく見えることだった。下半身が鍛えられているから、柔らかく、軽く、無理がない。

それに、太極拳が武道面というよりも、体づくり、心身の健康づくりにたいへんよい、中国でも、そういう面でたいへん普及しているし、特に太極拳は毎日続けることがたいせつだ、とのお話を伺い、日本で十年余も太極拳の普及に努力してきた私の考えと同じだと、大いに共感した。

今後、横浜はもちろん、全国に、ますます太極拳が広まっていくことと思う。その意味でも、両先生の来日、中国武術団の公演はたいへん有意義だったと思う。今後もまた、こうした交流が盛んになることを願っている。

李天驥先生を日本にお招きして

楊名時八段錦・太極拳友好会は、かねてからの念願どおり、一九八六年六月六日に東京の学士会館で開かれた第十二回総会に、中国から李天驥先生をお招きした（通訳の中国体育服務公司・辺宏氏同行）。

李天驥先生は、中国武術協会副秘書長で、中国体育科学学会理事兼運動訓練委員会委員という要職にあられる方である。中国武術界の至宝、太極拳界の泰斗として、世界中に名を知られ、簡化太極拳二四式制定の責任者としても知られている。李徳芳先生のお父上であり、李徳印先生の叔父上にもあたられる。

その、中国の宝物とでもいうべき方が、私ども友好会の招きに応えておいでくださったのである。中華全国体育総会中国武術協会という国家の組織から、外国の個人名が頭についた会に、著名な武術の指導者、特に李天驥先生のような大先生を派遣するのは、初めてとのことである。うれしい限りであった。

六月五日に来日され、六月十二日に帰国されるまで、一同、先生の温顔、謦咳に接し、大感激であった。

日本の太極拳、日中友好の歴史に、画期的な、たいへん大きな意義をもつご来日であったと思う。

李天驥先生は、一九一五年二月三日、中国河北省にお生まれになったというから、満七十一歳になられる。ご高齢であられるので、ご家族の方についていただこう、三週間ぐらいゆっくり滞在していただきたいと願っていたが、ご都合でそうもいかず、往復とも八日間という日程になってしまった。

六月六日は、午前中、日中経済協会に岡崎嘉平太先生表敬訪問、夜は学士会館で、私どもの会の第十二回総会。六月七日は、昼に、古井喜実先生と小池勤先生ら日中太極拳交流協会の幹部の方々と会食、終わって渡辺弥栄司先生、室伏香雲先生、雷建徳先生らの「漢詩を中国読みで味わう会」の講習会に出席され、王達祥中国大使館文化参事官にもお目にかかり、夜は新橋「北京飯店」で日中友好協会全国本部理事長・清水正夫先生、東京太極拳協会理事長・村岡久平先生と会食。六月八日は、午前、午後と主婦の友文化センターで講演をされた。六月九日・十日と箱根で静養され、十一日送別宴と、日本の太極拳、日中友好運動関係者との懇談などを精力的にこなされ、十二日帰国された。

「藝在精　不在廣」（芸は間口を広げないで深めよ）という、李先生がお好きな中国の格言とともに、次のような李先生のお言葉を胸に刻んでいる。

「日本に派遣される太極拳の指導者には、ひとりひとりに、中日友好のために太極拳をやりなさいと言っているんです。周恩来総理によって中日友好のために植えられた華を、私は満開にするために努力しなければなりません。これからもいっしょに努力しましょう」

太極拳を続けて稽古することは、年をとられた方でも老化を予防し、若さを保ち、すてきな有意義な老後を過ごすためにも、病気がちの方や病んでいる方が病気を快復し、よく食べられ、よく眠られ、幸せな人生を送るためにも、さらに今は健康でも、ころばぬ先の杖で、これからの健康を保っていくうえでも、大きな力になることだろう。

それぞれの健康を増進するだけでなく、日中の友好、世界の平和に役立たせていただくのが、すばらしい夢ではなかろうか。太極拳を愛好する各流派の先生方とともに、いつまでも大事に大事にしていきたいと思う。

以下は、総会当日の挨拶の大要である。

楊名時の挨拶

李天驥先生、辺宏先生が、中国から中国武術協会の代表として、私どもの友好会の第十二回総会にご出席くださいましたことを、私は北は札幌、南は鹿児島と全国から出席している仲間を代表して、心からお二方に感謝いたします。

一九五六年八月に、毛沢東主席、周恩来首相は中国の人の体を健康にしようと太極拳を推奨され、李天驥先生が依頼を受け、中国武術の先生方と協力し、今、私どもがやっております簡化太極拳二四式を編み出されました。

中国人の健康、幸せを願い、日本人の健康、幸せを願い、日本と中国がいつまでも良い友達でありますように、さらに世界が平和でありますようとの願いは、李先生も私どもも同じで、同じ道を歩んでおります。その意味で、李天驥先生が私どもの会に出席してくださったことは光栄に存じております。

李天驥先生が最初に中国で作られた簡化太極拳の掛図から、私が訳編として『簡化太極拳』を一九七〇年に向陽社から出版しましたが、その写真が李天驥先生です。そのとき、李天驥先生と私のつきあいはまだありませんでした。でも、私は先生の写真にほれこみました。周恩来総理に見こまれた大先生の写真で、私の友人が出版してくれたのです。あのときの先生は四十一、二歳。私も日本武道館で太極拳を始めた頃は、四十二歳くらいでした。感無量です。

李天驥先生のご祝辞

尊敬する楊名時先生、ならびに友人の皆様、本日ここに楊名時太極拳友好会の第十二回総会が盛大に開かれ、私はこの会にお招きいただき、参加することができまして、うれしく思っております。と同時にお祝いを申し上げます。

楊名時八段錦・太極拳友好会は、長い年月、太極拳運動を通しまして、有意義な活動をされました。

さて、中日両国は一衣帯水の隣国であり、両国人民の友好は二千年の悠久の流れを持っております。中日両国人民が子子孫孫、永遠に友好を持続するために、中国と日本の武術家の友人達は協力して努力すべきだと思います。

我々は手をたずさえて、両国の武術運動を推し進め、発展させるために、中日両国の平和および世界の平和を守るために尽くしましょう。

最後に、本日の大会が円満に成功することをお祈りいたします。楊名時先生ならびにご列席の皆様のご健康をお祈りいたします。どうもありがとうございました。

宗道臣先生追悼

日本少林寺拳法連盟会長、金剛禅総本山少林寺管長、宗道臣先生が、一九八〇年五月十二日、急性心不全のため亡くなられた。六九歳であられた。

宗先生とは、日中国交回復される前、たしか八、九年前のことだったが、私が勤めている大東文化大学の四国・高松の父兄会主催の講演会に、私が講師として招かれ、講演と太極拳の実技の披露のために高松へ伺ったとき、お目にかかったことが強く印象に残っている。

事前に宗道臣先生のところと連絡をとると、先生の高弟のなかに、鈴木という方が私ともご縁があって存じ上げていたよしみで、その方を通して、早速、宗先生から快諾をいただき、私たちを歓迎するとのことであった。私たちというのは、そのとき、剛柔流空手師範で、今、東京・中央区区議会議員もされておる大塚忠彦氏が、少林寺へ行くなら自分もお供したいというわけであった。

約束の日に、香川県多度津町の少林寺拳法のご本山、総本山少林寺をお訪ねすると、高弟の鈴木氏が車で私たちを駅まで迎えに来てくださり、本山の参観を案内してくださった。本部の大道場では、門人を集めて私の話などもさせてもらい、そして私たち二人のために演武まで見せてくださった。

宗先生は、ちょうどその日、県知事との大事な会合があり、その会合を抜けて、直接ご自宅に帰られて、私たちをお迎えくださったのだった。

りっぱな客室に招き入れられ、奥さんが、自らステーキを手料理してご馳走してくださった。そして、二時間も三時間も、中国の話や、武道の話などをして、話に花を咲かせた。大塚忠彦氏が、私をうながして、帰ろうと言われるまでは、夢中で話し合っていた。

あれも、ついこの間の出来事のように思い出される。

新聞で宗道臣先生が亡くなられたことを知り、心に悲しみや驚きがいっぱいにひろがり、複雑に入りまじった。

その後、日中の国交が回復され、先生が少林寺拳法の一門を動員して、日中友好の交流に、いろいろな面で力を貸してくださり、中国側もたいへん先生の業績を高く評価していたことは、よく知られている。

私もたいへん親しくつきあっていただだいた中国大使館の文化参事官、李連慶先生が、やはり多度津のご本山に招かれ、泊まりがけで案内していただいたそうである。李連慶先生のご尽力もあって、宗道臣先生は、この数年間、ほとんど毎年のように訪中団を連れて中国を往来して来られた。

今年の四月にも、少林寺拳法のふるさと、河南省の嵩山の少林寺で、宗先生の日中友好に対する感謝を含めて記念の石碑を建立する式典に招かれ、四月下旬に帰られたばかりとのことであった。

先生の第一回目の訪中のときは、空港までお見送り、お出迎えに行ったことも思い出される。日本武道館の少林寺拳法の大会にたびたびお招きを受けたことも、なつかしい、うれしい思い出である。

先生が、東京へ来られるたびに、折々、何度もお目にかかった。先生はよく私に、「少林寺拳法の剛と、太極拳の柔との和を結ぶことが大自然の法則である」と話されていた。私の太極拳のことについても、いろいろな面でご協力いただき、お力を貸してくださり、私も心から宗先生を尊敬してきたという間柄である。

中国のことわざには、「天有莫測之風雲、人有旦夕之禍福」というのがあるが、まったく人生は無常で、これから先生のご活躍が大いに期待されているところに、お亡くなりになられたことは、ほんとうに人々を悲しまさずにはおかない。

でも、お嬢さんの由貴さんを中心に、先生が長年育てられた一門の方々がきっと宗先生の志を引き継いでくれるにちがいないと信じている。

心から宗道臣先生のご冥福をお祈りしつつ、ご遺族、ご一門の今後ますますのご発展を心から願っている。

中山正敏先生追悼

わが恩師、日本空手協会首席師範・拓殖大学客員教授・中山正敏先生は、一九八七年四月十五日、心不全のため逝去された。四月二十三日には社団法人日本空手協会葬がとり行なわれた。

中山先生は、古い、良い空手を近代的、科学的に解明され、分析され、その卓越した理論と指導の方法で、空手を日本はもとより世界に普及された方である。その分析のため、数学、物理学も学ばれたと伺っている。理論と実技ともに兼ね備えられたすぐれた空手人である。その先生が亡くなられたとは――。悲しみでいっぱいである。

私が二十八歳で東京中華学校の校長に就任した頃、若輩で経験も浅く、大陸と台湾との思想問題もあって、日夜苦しみを重ねた。その頃拓殖大学経済学部教授・小林彬先生が、中山正敏先生に紹介してくださった。昭和二十七年か二十八年、四ツ谷に日本空手協会が開かれたその日か翌日だった。小林先生に連れられて行ったのである。入門は、協会の若い番号で、五番か十番くらいではなかっただろうか。こうして中山先生の弟子になり、空手の稽古が何よりの楽しみで、何よりの救いとなった。日曜日もなく、毎日稽古した。空手道場に通うことが、私の生きる支えであった。中山先生にきたえていただいた。もちろん、船越義珍先生にも当初はお目にかかった。でも、実際の空手の指導は、中山先生はじめ、中山先生の高弟の金沢弘和先生ら諸先生の指導を受けてきた。その四ツ谷の空手協会道場で、十年間、毎日休むことなく空手の稽古を続けてこられたことは、私の生涯の誇りである。

それというのも、やはり先生のすぐれた理論と指導の方法に心酔し、さらに先生の心暖まる、熱意あふれる指導の賜物である。そして、先生のたいへん厳しい厳しい、日本のサムライの魂にふれさせていただいたことは、終生忘れることはできない。

それから十数年たったある日、日本空手協会の鏡開きの盛大な行事の中に、先生から「楊名時さんの太極拳を披露してくれませんか」と言われ、日本空手協会本部道場で私は喜んで拙い太極拳の技を披露した。一九六七年一月十一日であった。

それがきっかけで、日本武道館へ太極拳を指導しに行くことになった。日本武道館で八年間教えながら、教えることは勉強だと努力してきた。その間、いろいろな苦難にぶつかった。でも、中山先生は、いつでも私を表にも裏にも、陰にも陽にもかばってくださり、私を信じ、私を認め、私を先生の道場・抱一龕道場の太極拳の師範に迎えてくださり、昭和四十七年から今日までずーっとつとめてきたのである。

毎年正月の成人式の日に開かれる抱一龕の鏡開きは、空手の方々と太極拳の会員と合同で行なわれてきたが、中山先生は毎回心に響くような訓話をされ、名言を拝聴してきた。

今年も、例年どおり、先生はお元気な姿で、空手を自ら指導され、半分の時間を楊名時が八段錦と太極拳の指導をさせてもらった。この上なく光栄なことであった。今年の中山先生の訓話では特に太極拳の呼吸について、今年の重要なポイントとして話されたことはとてもうれしく感じていた。

その元気な先生が、急に亡くなられたとは、とても信じられない。亡くなられた夜に奥様からお電話をいただき、今日の昼に息をひきとられたと伺い、たいへん驚いたものである。先生の奥様もとてもよくできる方で、ほんとうに空手人の、武道人の鑑のような方である。

私は生涯、心の中に、わが恩師・中山正敏先生がいつまでも私をお導き、ご指導してくださらんことをお願い申し上げる。また、今後もよい弟子であるようにつとめていきたいと考えている。

ここに謹んで先生のご冥福をお祈り申し上げる。

多くの指導者を育てたい

一九七九年九月十七日午後十時から三〇分、NHKテレビで、ハリ麻酔の特集を見た。科学ドキュメント「ここまでわかったハリ麻酔のなぞ」という番組だった。

ハリの治療は、中国では数千年の歴史があるにもかかわらず、長い間、西洋医学からはなかなか認められず、最近になってハリ治療、特にハリ麻酔について基礎的な研究が進み、そのメカニズムが解明されようとしている、という。ハリ麻酔を使った脳外科手術、帝王切開、多数抜歯などが紹介され、いろいろな動物実験でハリ麻酔のメカニズムを解明するというものだったが、なかなか興味深かった。

特に、抜歯がおもしろかった。七本ほどの虫歯を抜くには、ふつう一か月ぐらいかかるが、ハリ麻酔では、七本同時に抜いて、新しい歯を入れていた。ハリ麻酔だと、抜歯後はれることも少なく、出血も少ない、という。これは三〇〇〇ぐらいの実例で証明されていることだが、なかにはハリ麻酔がきかない人も若干いるとのこと。九〇パーセントの成功率だそうだ。

経絡は実に微妙で、経絡に適当な刺激を与えると、薬能にもまして体によい効果が得られる。しかも、副作用があまりない。

東洋医学の三本柱であるハリ灸、漢方薬、呼吸法（仙道）・導引術のどれもまだ、解明できないことが多々ある。

ところで、中国医学の古典『黄帝内経・素問』に、「病治未然、不治既然」とある。病気は、病気にならない前に予防すべきもので、病気になったら治る病気と、治らない病気がある、という意味だが、病気になる前に根本的に体質を変えていき、病気にならないように予防することは、たいせつなことだと思う。

呼吸法、導引術、拳術などのエッセンスが巧みに組み合わされている八段錦、太極拳は、体質改善、病気予防にたいへんお役に立つことだろう。心を落ち着かせ、経絡に気を通わせて自己マッサージするからである。八段錦、太極拳の医学的メカニズムも、もっと専門家の手で解明してほしいと願っている。

日本で、どうやったらもっと八段錦、太極拳が広められるか、ふだん心をくだいていることであるが、ここで、私が太極拳に抱いている望みの一端を述べておきたい。

私が日本で太極拳を指導するようになってから二〇年ぐらいたつ。その間、がむしゃらにやってきた、と我ながら思う。日本武道館での指導は八年ほどだったが、最初の五年間は、週に二度、一日も休まずにつとめた。抱一龕も八年になる。朝日カルチャーセンターも六年半が過ぎた。名古屋の朝日文化センターも、最初の三年間は毎週月曜日新幹線で通い、もう六年半になる。そのほかの教室も年を重ねてきた。いずれもにわかに盛んになったものではない。日々の積み重ねでできたものである。

一つの教室を育てていくのは、実にたいへんである。お世辞を使ってもだめだし、厳しくするだけでもだめである。特に初心者が多いクラスは気苦労がある。普通の学校でも、小学校の生徒を教えるのは、大学生より難しい、といわれる。イギリスでは、大学の先生より小学校の先生のほうが収入が多いとも聞く。

指導する人が、ファイトをもってあたり、心をひらいて、相手の身になって努力するしかない。そして、太極拳のもっているよさをいかに知ってもらうか努めることがたいせつである。

とにかく、今や八段錦、太極拳を友としたい希望者は増えてきている。

それに対して、私は、望み、目標をもっている。遠い将来の目標を決め、それに向かって努力することが必要であるが、私の場合、八段錦、太極拳に多くの指導者を育ててみたい、これが夢である。

長くやられた方が、それぞれの立場で、広めるという望みをもってほしい。日本の方が心から愛好するというのでなければ広まらない。そして、私一人ではどうにもならない。八段錦、太極拳を広める仕事に多くの方にあたっていただくというのでなければ広まらない。

自分がこの世にいようがいまいが、何百年後でも必ず栄えることを願ってやまない。

それには、指導者を育てていくこと、少しでもよい本を書いておくことだと思う。この二つを今後も続けて努力していきたい。

縁があれば……

有縁千里来相逢、
無縁対面不相識。

という、私も好きな言葉がある。縁があれば遠いところからでも逢いに来る。縁がなければ目の前にいても相識らぬ、という意味である。

これは、太極拳との縁についてもいえることである。

現在、日本では、太極拳の愛好者が増えている。ここ数年は、愛好する人が、特に増えているようだ。そのことは、各地に教室ができ、それぞれの教室に、たくさんの方々が通ってきておられることを考えただけでもおわかりいただけよう。

日本の方だけでなく、いわゆるガイジンもたくさん学んでいる。アメリカ、フランス、ドイツ……など各国から日本に来ている人が大勢、太極拳、八段錦をいっしょに稽古している。

ほどよく体を動かして稽古したあとは、日本の方であろうと、外国の方であろうと、まちがいなく気持も落ち着き、さわやかな気分になる。冬でも蒸しタオルで体をふいたように、体の内側から汗ば

1980年８月，箱根の合宿で

んでくる。全身が生き生きしてくる。これは、程度の差こそあれ、だれでも同じである。人間の体は、みんな同じような構造をしているからである。皮膚の色は関係ない。

体を柔らかく、心も柔らかくすることのたいせつさは、洋の東西変わりない。だから、千里の距離を隔てても縁ができるのであろう。逆に、近くても、八段錦や太極拳と縁のない人も少なくない。そして、増えているとはいっても縁のない人のほうがはるかに多いのである。

知人知面不知心

ともいう。あの人は知っている。顔も合わしている。でも、その心はわからない。心というものは難しいものである。

心を豊かにし、体を丈夫にし、心と体のバランスをとることは、世界共通の目的である。心と体は分けて考えられない。日々、八段錦、太極拳をして、ほどよく体を動かし、年数をかけ、あせらず積み重ねていくことがたいせつだと、つくづく思っている。

まだ縁のない人には、八段錦、太極拳を友とするような縁を願っている。自分の健康だけでなく、より多くの人の健康に役立ちたいと願っているからである。旧版の『太極拳』を改訂して『改訂版太極拳』を出したときのサブタイトルを、「より多くの人の健康のために」としたのも、そうした意味である。

しかし、私一人では、とても立ちまわることはできない。日本の方々のご援助がなければ、できないことである。私が死んでも一〇〇年後、二〇〇年後に、八段錦、太極拳が花咲いてもいい、日本中に広まるにちがいない、と思っている。

いずれにしても、縁を大事にしたい。

帥立志師篆刻
「硬為軟用」

故周恩来総理の詩碑を訪ねて

一九八〇年七月二十日の日曜日、京都に泊まり、早朝、淀川の堤防で、前日と同様、東京から来られた中野完二氏と、すばらしい大自然に接しながら、心ゆくまで白鶴の舞をした。

そのあと、お昼前に、嵐山の亀山公園にある周恩来総理の詩碑の前で、中林靖子さんと落ちあって、親切なおかみさんのいる茶屋でおいしいくず餅をいただいてから、三人で周総理の詩碑の前で、太極拳をした。

この詩碑は、日中友好に偉大な業績をのこされた故周恩来総理を記念するために、日中友好諸団体が石碑の建立のためのお金を募り、一九七八年十月、日中平和友好条約調印の折に建てられたものである。

碑には、日本留学当時の周総理が、若かりしころの一九一九年四月、嵐山を訪れて作られた漢詩「雨中嵐山」が彫られている。ちょうど桜が満開のころの嵐山の情景をうたいながら、祖国の現実と自分の決意がこめられている。

私はかねてから周総理を心より尊敬している。中国人のなかには、周総理のことを、三国志時代の

周総理の詩碑前で

諸葛孔明にたとえる人もいる。確かに知的な面においては、そうかもしれない。けれども、心の広さにおいては、周総理のほうが、諸葛孔明よりもさらに数倍も大きいものだと思う。生まれた国の中国を大事にし、さらに隣の国の日本をはじめ、世界の人々をたいせつにするというお心の広さがあったと思う。

その周総理の詩碑の前で、私たち三人が太極拳を舞い、周総理をしのび、そのお心を少しでもお察し申し上げたいと思ったことだった。

周総理は、中国の浙江省の紹興のお生まれである。紹興は中国の名酒の産地であり、山も水も非常に美しいところである。やはり、そういう大自然の風景のバランスのとれたところに、すぐれた人物が生まれる率も多いかと思う。また、古くから書の神様とうたわれる王羲之もここの生まれ、有名な思想家の王陽明も、紹興の生まれである。

周総理は、日本にもたくさんの友人がおられ、周総理を敬愛する方が多くおられる。この古い都の京都で、周総理の詩碑が建てられたことは、今後の日中友好の発展のうえにおいても、すばらしいかけ橋になることと思われる。

詩碑の隣には、五月に来日された華国鋒主席が植えられた桜の木もすくすくと伸びていた。ちょうど中国から日本に来ている留学生の一団がここを訪れたばかりだった。ここも、はでな場所ではないが、これから日中友好の一つの名所になるのではなかろうか。

このあと、近くの近衛文麿さんが愛用された別荘の一室で、三人でおいしく豆腐料理をいただきながら、保津川の流れを眺め、ひとときを過ごしたのだった。

三分吃薬、七分養

なんといっても、やはり健康な体と健全な精神をもつことが人生の始まり、といっても過言ではない。健康な体、健全な精神あってこその人生である。

かりに、無理をして体の調子をくずした場合は、中国には、こんな名言がある。「三分吃薬《サンフンチユウヨオ》、七分《チイフン》養《ヤン》」というもので、意訳すると、病気を治すには薬を飲むことが三分で、あとの七分は養生することであるという意味である。つまり、薬に頼ることよりも自分自身で、自ら治していくことがたいせつだというわけである。そのほうが七割も占めている。

ここでいう「養」は「養生」という意味である。たとえば、食養生でも、腹八分目で、過食、偏食を避けることなどもたいせつであるし、陰陽のバランスをとり、肉体の過労や、精神面のストレス、神経の使いすぎも、やはり考えなければいけない。そして、睡眠の時間と休息の時間もバランスをとる必要がある。こうしたこともたいせつな養生法である。

さらに、導引といって、中国で道教の人が昔から行なってきた、長生きの秘法ともいわれるものがあるが、早朝、新鮮な「気」を胸いっぱいに吸い込んで、まんべんなく体中にゆきわたらせること

——これを「行気」という——は、現代にも通ずる呼吸健康法である。意をもって気を導くという言葉もある。こういう場合の「気」とは、吸い込まれた新鮮な空気だけをさしているのではなく、その空気とともに、内臓に吸い込まれてくる、宇宙にみちあふれた「神気」あるいは「活気」が、神秘的なエネルギー源になるのである。つまり、生きる力である。その「気」を体中に、思うところにめぐらせることが、導引の要である。

それには、気長に、毎日積み重ねて稽古することがたいせつで、あまり効果を早くあげようとあせってはならない。大自然にまかせておけば、この神秘的な小宇宙である人間の体は、きっとよくなる。それを信じ、そして、おこたることなく実行することである。私たちの修行のたいせつさのゆえんである。

これが中国の「気功」であり、この「気功」を頭の中に入れて行なう太極拳は、「気功太極拳」となる。特に年配の方、体の丈夫でない方は、くれぐれも、気功と合わせて太極拳を行なってほしいと望んでおきたい。

中国で発行している雑誌『人民中国』の一九八〇年十月号にも「ガンの予防と治療に〝気功〟」という記事が出ている。北京気功研究会の代表の発表によると、七九年末に研究会が発足してから、北京市内の各公園に三三の気功教室が開かれ、三千余名が参加し、そのころガンの患者は三〇〇名を越えたという。

医学的な、科学的な治療法とともに、自分の体を自分で、大自然の法則にのっとって治療し、病気の予防をしていくこともたいせつなことであろう。

四つのスローガン

「尽《ジン》人《レン》力《リイ》而《アル》後《ホウ》聴《テイイン》天《テイエン》命《ミン》」という言葉がある。これも私の好きな言葉の一つで、解釈は字のとおりではあるが、人間としてできうるかぎりのことをして、そののちに天命に待つ、天命に従うということである。「人事を尽くして天命を待つ」の意味である。「天命」は「自然」に直したいと私は思う。「待つ」は自然に従う、自然に逆らわないと解釈したいと思う。

私も平凡な人間で、人よりすぐれたところは何もないと思うが、でも、自分自身が太極拳が好きなだけに、限られた力ではあるが、日々たゆまず、一生懸命に積み重ねて努力してきた。今後太極拳がどう伸びていくかは私の知るところではない。私にとっては努力するところに意味があり、どういうふうに成長するかを期待してはならないと思っている。その結果は、分相応にあらわれてくることだと思う。ただ、次のような四つのスローガンを掲げたいと思う。

同《トン》学《シュエ》一《イ》心《シン》（学ぶ仲間は心を一つにしていく）

群《チュン》策《ツー》群《チュン》力《リイ》（みんなで考え、みんなの力を合わせていく）

自《ツ》他《タ》共《ゴン》栄《ロン》（嘉納治五郎先生の講道館柔道の理念である。自分も他人も共に栄えていくようにする

こと）

世《シュウ》界《チイエ》和《フウ》平《ピン》（世界の平和を心から願うこと）

つまり、これから日本における太極拳はこの四つのスローガンのもとに、仲間の皆さんとともに努力して進んでいくべきものだと思う。私の力も限度があるから、やれることはもちろん一生懸命やるが、むしろ私としては、これから日本における太極拳は、特に若い指導者、若い仲間の団結した力によって前進していくべきものだ。私はそれを楽しく、眺めさせてもらいたいと心から願っている。

充実した一日

ある年の秋、名古屋へ行き、朝日文化センターの柳橋教室でいつものとおり稽古をし、終わったときに、ある主婦の会員に声をかけられた。

「先生に、たいへん感謝いたします」

というのである。そのわけをたずねると、以前、この方は便秘症にたいへん悩まされ、そのうえ自律神経失調というのか、夏どんな暑いときでも汗をかかなかったそうだ。汗をかくのをいやがる人がいるかもしれないが暑くても汗をかかないというのは、苦しいものである。

ところが、この方は、太極拳をやったおかげで、今年の夏は気持よく汗をかくようになり、便秘も治って、「こんなに気持のよい夏はありませんでした」という。

うれしかった。楽しく、健康的に夏を過ごせたのは、太極拳という友を通してからだと言われると、私も太極拳を紹介したしがいがあったという気持になる。また、名古屋へ通う意義も裏づけられるような気がした。

ところが、この日の夜、またうれしいことがあった。栄教室でのことである。ここは昼より集まる条件がよいので、総人数は定員の四〇名を数名上まわる盛況で所狭しという感じもないではないが、それが和気あいあいの中でかえって大勢による楽しみを共に味わえることにもなる。年齢も七〇歳以上の方から高校生までいろいろな年齢層、男女の別なく含まれており、稽古の密度も濃い。

ここでの稽古が終わったあと七三歳の男の会員から、次のような申し出があった。

「私は七二歳から太極拳を始め、ちょうど満一年になりました。なんとかひととおり覚えることができました。上手ではありませんが、一度先生の初伝を受けてみたいんですが……」

私は心うたれる思いであった。ほかの修業（武道）で、七二から始めて七三でその腕前を披露するというのは、なかなか限られるのではなかろうか。今度楽しみに、この方の演武を拝見することにし、帰りの新幹線の中で充実した一日を味わい、今日もまた太極拳とともに名古屋で楽しく一日過ごさせてもらったことに感謝したことであった。疲れを感じるどころか、心は楽しさいっぱいであった。平凡な一日であるかもしれないが、これを積み重ねて幸福な人生を送らせてもらえることを念じつつ、日々を太極拳とともに、愛好者の皆さんとともに稽古に励みたいと思う。

これも名古屋の教室の話だが、某会員から、ある年の暮にお茶をいただいた。そのいわれを尋ねると、年中肩凝りに悩まされていたのが、太極拳をやりだしてから治ったための感謝の品だそうである。しかも、送り主が本人ではなくご主人と聞かされ、改めて理由を聞いてみた。

その女性会員は、書道の先生をしておられる。字を書くことは非常に肩が凝るらしい。一日中、生徒に手ほどきをするわけだから、つい肩の筋肉ばかり使い、全身を動かすことが少ない。凝った肩を揉みほぐす役目はご主人である。これは日課であった。ところが太極拳をやりだしてから、ぜんぜん肩が凝らなくなった。当の本人はむろん、揉み役のご主人が喜んだのはいうまでもない。今では立場が逆になり、奥さんがご主人の肩をときどき揉んであげているそうである。

そんなことから、ご主人が太極拳を非常に喜び、指導者である私に感謝したいという気持から、お茶のお歳暮になったということである。

私はこの話を聞き、太極拳が本人だけでなく家族の者にも温かく理解され、役立っていることを知った。太極拳の輪が、またひとつ広がったような気がして、感無量であった。と同時に、それまでの数年という歳月の重みを改めて強く感じさせられた。

吉田誠三先生に招かれて、名古屋に太極拳の教場を開くようになったとき、最初吉田誠三先生から、名古屋の土地柄について説明された。ごまかしのきかないしっかり者が多く、商売のしにくい土地柄とのことであった。事実そうであった。宣伝したからといって人が集まり、健康にいいからといってすぐ飛びつくようなところではなかった。細々ながらも、吉田先生の熱意と太極拳を愛好する会員に支えられて、私はほとんど休むことなく通った。

週一回の名古屋行きは、順調にいって片道三時間はたっぷりかかる。新幹線はしばしばストだ、雪だ、事故だと遅れる。朝十時に乗り、途中事故にあい名古屋に着いたのは、なんと午後の五時、ということもあった。夜の指導を終えて家に着くのは、早くて十一時半。遅い時は一時前後。そして翌日は大学の授業が待っている。きついと思うことはしばしばだが、指導者を育てるまではと頑張ってきた。

その積み重ねが、徐々に実を結ぼうとしている。日曜日などは有志が近くの鶴舞公園で、太極拳を稽古している。

車窓の富士

世界に誇る名山、富士にもいろいろな見方があるものである。はじめて秀麗なる富士に接したのは、学生時代であったが、中国の五台の山並みに慣れていた私にとって、その姿は美しく、荘厳だった。今でも瞼を閉じると、あのときの感動が蘇ってくる。

夏、富士山に登ったことは二度ある。しかし、私は登山というものがあまり好きではない。何かしらその山々のもつ神秘性が薄れるからである。山は、昔から信仰の対象であったことを含めて、離れて空、雲、周囲の山脈全体の調和のもとで眺めるのが最もふさわしいように思う。

ここ数年、私は車窓の富士を楽しんでいる。というのも、太極拳の指導に名古屋にでかけるからである。新幹線の「ひかり」が定期便だが、行きには私はきまって右側に席をとる。富士山を見るためである。

ソワソワと落着きがなくなる。あっ、見えた。相変わらず秀麗としか表現できない富士の姿が、眼前に迫り、そして消えてゆく。超スピードを恨みつつ車窓に遠ざかる富士を見ながら、私はいろいろな想いにふけり、名古屋までの短い旅を楽しむのである。だから、雨が降ったり、雲が低くたれこめて富士山を見ることができないときは、ひどくがっかりするのである。旅はいくつになっても、人を童心に戻すらしい。

田児の浦ゆうち出でて見れば真白にぞ不尽の高嶺に雪は降りける

人口に膾炙している秀歌だが、いかにも万葉人らしく素朴な感動でうたいあげたなかに、麗峰と清冽にたゆとう海原の対照が打ち出されている。

私は富士の姿に接すとき必然的に中国の長江を想うのである。長江はいうまでもなく、延々五〇〇〇キロ、中国大陸を貫通する中国第一の大河である。三峡に代表される激流があるかと思えば、渺として対岸を見極めることのできるところもある。清濁相擁し、日々その表情を変えてとうとうと流れる大河は、中国の文化を生み、その歴史を見つめてきた。

悠久な歴史の土台、人と人の会話、八段錦、太極拳はとりもなおさず中国人の核心である。その言葉を日本人の気質に触れさせ、どのように発展させていくべきか、八段錦、太極拳をいかに友としてもらうか、車窓の富士に名残をとどめて想うのである。

李天驥先生にお目にかかり、ふたたび中国武術団公演を見る

一九八〇年七月二十七日、東京の蔵前国技館で、一九七七年に続いて、ふたたび中国武術代表団の公演を見ることができた。日中文化交流協会と日刊スポーツ新聞社の主催だった。

前日の七月二十六日、銀座・東急ホテルで開かれた歓迎レセプションにも招かれたので、太極拳の仲間たち一〇人ほどといっしょに出かけ、張文広団長（中国武術協会副主席）や、コーチで来られている李天驥先生（中国武術協会副秘書長）とお目にかかることができ、親しくお話しできたのはうれしいことだった。

李先生は、すでに私の太極拳の本をご覧になっておられたようで、本の写真で判断されて、私の太極拳をほめてくださった。そして、太極拳の保健的意味を強調しておられた。

今回の中国武術代表団の公演は、団員が五月に、私の故郷、太原で開かれた全中国の競技大会の上位入賞者で占められているので、とりわけ親近感もあった。前回来られた方も何名かおられた。

公演当日は、五六〇名の私の仲間とよい席で見た。五六〇枚の切符を、あらかじめ日本文化交流協

1980年7月，中国武術団公演より（左右ページ共）

会に手配してお世話したのだが、その切符の配布や代金の回収など煩雑なことが重なり、どうなることかと心配していた。ところが、世の中なかなか計算どおりにはいかないのに、最終的に帳尻がぴったり合った。これは驚きだった。

当日、TBS系テレビで公演の模様のビデオ撮りがあり、解説を依頼されたので、マイクを前に解説しながら見ることになったが、期待していたとおりのすばらしい公演で、次々に繰り広げられる妙技は時間が短く感じられるほどだった。

新中国成立後、中国の武術は、他のいろいろのスポーツと同様に大きな発展を遂げ、全国に広く普及している。中国武術は、豊富多彩で、運動量と強度に幅がある。だから、人々が鍛錬内容を選択することができるわけだが、多彩な武術の精随を一堂に見ることとは、中国にいても、なかなか機

会がないにちがいない。

「武術は一人で練習することもでき、二人で練習することもでき、集団で演じるものもあり、各種器具を使ったものなど、多種の形があります。広大な農村や都市では、特色をもった拳術が育っています。全国に広く普及しているものとしては、少林拳、太極拳、査拳、花拳、炮拳、洪拳、六合拳、南拳、形意拳、八卦拳、通臂拳など数十種類があります。武術のなかで、槍、棍、刀、剣、鉤、戟、叉、鍾、九節鞭、三節棍、流星錘など器具を用いるものも多くあります」

と、同公演のパンフレットにあった。

蛇拳、鷹爪拳、蟷螂拳《とうろうけん》、猴棍《こうこん》など、動物の動きのなかからとり入れた技も多い。酔拳、酔剣なども珍しかった。

中国でも北方と南方では、動きが少し違い、南のほうが動きが早いものが多いようだ。草原の多い北方では足で蹴る技が多彩で、河川の多い南方では小舟に乗っていても戦えるように、足技が少ないものが多い。まさに「南船北馬」である。

若い女性たちの「集団太極拳」の演武も、簡化太極拳だっただけに仲間たちから喜ばれたようだ。なかなかに優雅なものだった。何福生コーチの形意拳もすばらしかった。しかし、いちばん興味深かったのは、七六歳の沙国政コーチと七〇歳の何福生コーチによる「太極拳対打」だった。人間の体が、こんなにも芸術的に動ける、しかも、相当高齢の方でも、こんなにもみごとな技を見せてくださっている。そのことが感動的だった。

まさに、私が教室でよく言っているように、

放鬆全身筋骨、可以休息。

除去心中雑慮、可以養神。

である。

全身の筋骨をリラックスさせ、全身の力を抜くこと、さらに心の中、大脳の中の心配事を取り除いていくことがたいせつだという教えである。そうすれば、休息することになり、心安らかになることができる、という言葉である。そんな太極拳の極意ともいうべきことが、長年の積み重ねを経て、みごとな動きになってあらわれているようだった。

以心行気、

沙国政，何福生氏による太極拳対打

以気運身。

ともいう。心をもって、気を行なう、気をもって体を動かす、ということだが、意識、呼吸、動きを三位一体として、統一していくことのすばらしさを実証していただいたように思う。

意識（心）は動きに支えられ
動きは意識（心）に支えられ
意識（心）と動きを
呼吸がつなぐ（結ぶ）

と、太極拳の会員、赤間太郎氏は述べておられる。「心の集中は動きの進歩、熟達に支えられるから、毎日の真剣な稽古へとつながっていく」と、心の成長と稽古の関係を説明される。

ゆとりある心をもつことがいちばんたいせつで、心を豊かにすることがそれ自体健康法なのだ。

だからこそ、武術を通して健康法を見いだし、心、生き方を発見できるのである。心を成長させるには、あせらずに稽古を積み重ねていくことが肝要で、動きは、心と呼吸を十二分に機能させるのに役立つ。心を重視した、柔らかく、ゆったりした動きは、芸術に通ずるだろう。

意識（心）を非常に集中して動く。その集中は、一種の迫力となって拡散するのではないか。集中力が強いほど、拡散する力は強いであろう。

とにかく、人間の体は芸術品のようにすばらしいものである。動きを通して生きていくのだ。心から体をよくする、よくなることを願いながら、信じながら、深長呼吸法を伴って動くのである。そうした動きをして稽古したあとは、気持がよくなっている。気血の流れがよくなっている。内臓の内分泌もよくなっている。自己治療になっている。物事に対する冷静な判断ができるようになっている。心が柔らかくなっているのだ。

日々、太極拳を行なうことによって、何かさわやかな、幸せな日が送れるような気がするのである。しかも、八段錦、太極拳は、だれでも、いつでも、どこでもできる。特別な道具や機械もいらない。ゆっくりとした柔らかな動きであるから体に無理がない。その安全性、永続性は、特に年配の人に向いている。

中国武術団の公演を見ながら、テレビの解説は、健康の話になり、心の話になり、武術の芸術性に及んだのだった。

京都・嵯峨野・念仏寺で

それとともに、十五、六年間の日本での太極拳の普及ぶりも思いおこされた。今、大東文化大学付属幼稚園では、幼稚園児が正課として太極拳を学んでいるし、上は八十数歳の人と幅広い人が愛好している。企業でも、日本航空、朝日新聞東京本社、電通、安田信託銀行などで、厚生活動の一環として取り組んだり、同好会ができたりしている。企業にはこれから、ますます太極拳が普及するのではなかろうか。

これだけ盛んになったのはたいへんすばらしいことだ。といっても、中国から考えれば、日本はまだまだこれからだし、これからがたいへんな時期を迎えようとしている。これからこそ、普及のうえでも心をたいせつにする時期である。自らに厳しく、人にはやさしくありたいと思う。「外柔内剛」である。

人間、何でもできる人はおそらくあまりいない。また、何にもできない人も、あまり、いない。誠心誠意、努力し、協力していけば、道が開けてくるのではないか。

一人で大勢の人みんなと仲よくつきあうことは不可能だ。私一人だけではとてもとても処理できない。

鑑真和上には、お会いしたこともなければ、今後も直接にはお目にかかれない。しかし、和上の心を大事にし、不屈の闘志を学びながら、太極拳というすばらしいものを信じて、皆さんといっしょに歩んでいきたい、と思う。

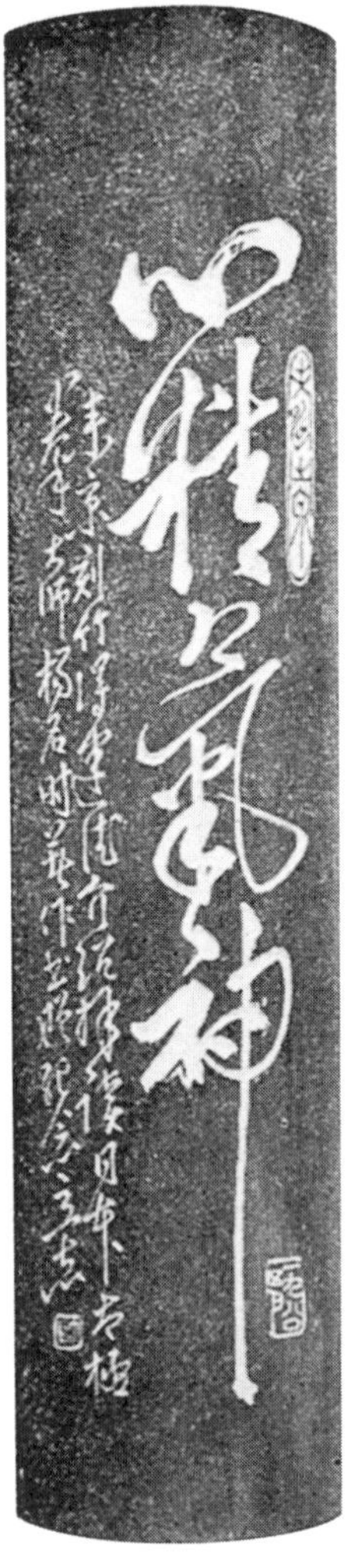

帥立志師篆刻「心精気神」

人生哲学

帥立志師篆刻「行之苟有恒，久久自芬芳」

自力更生

すでに述べてきたように、太極拳の稽古の要点を示す語句や、中国の一般に知られていることわざなどは、人生哲学としても教えられるところが多い。

ここで、もう少し、語句を抜き出してみよう。

まず、「自力更生」

中国の重要なスローガンの一つ。現代化を急ぐにあたって、外国の力を借りるとしても、この言葉のもつ重みに変わりはない。

自分の力で自分を向上させるという意味である。

健康に例をとっても、自分の体を健康にするには、まず自分で自分を鍛えなければならない。医者や薬に頼るのは二の次である。

ひいては、自分の手で、今日よりさらに豊かな幸福をつくるべきだという意味にもなる。

文武不分

文武分かれず。

「文」は、頭脳、あるいは知識をさし、「武」は運動、武道など肉体を鍛錬すること。文と武を分けずに、共に学んで学習しなければならない。いくらすばらしい知識、頭脳をもっていても、体が丈夫でなければ、それを生かすことができない。逆に、体だけで中身が伴わなければいけない。「剛柔相済」「拳禅一致」ともつながる言葉である。「内外相合」にも通ずる。この両者の統一をはかることがたいせつだという教えである。

この理屈はだれにもわかることだが、要は実践がたいせつである。

心と体は分けられない。このことは、体を動かすことで、はじめて実感される。理屈で、頭だけではわからない。「紙《チ》上《シアン》談兵《タンピン》」紙上で兵を語るように、実践を経ない空理空論ばかりではいけない。頭脳と体力、理論と実践を統合することによってのみ、充分な力を発揮できる。

流水不腐

流れる水は腐らず。

「流水」は、流れる水。「不腐」は、腐らないこと。

流れている水はいつもきれいで、魚の泳いでいるのさえ見える。反対に池や水たまりの動かない水は濁るし、腐る。変転やむことなく動いている大宇宙の動きに合わせて、小宇宙である人間も、体を動かさなくてはならない。人間も動くことによって新陳代謝を促し、健康を維持することができる。頭脳もしかり。つねに頭を働かせるから、正常に動く。もし、立ち止まって刺激しなければ、人間の脳は退化してしまう。

この現象を防ぐ手段は、身を柔らかく、頭も心も柔軟にして、生命あるかぎり動くことである。ちょうど中国の長江や黄河が流れつづけるように。

「動則血脈流通谷気消、病不得生」

という言葉もある。動けば、気血の流れがよくなり、体のすみずみにたまっている気を動かす、そうすれば、病気にはならない、という意味である。

星火燎原

小さな火が野原を焼き尽くす、ということ。

「星火」は、星のような小さな火（力）の意味。ちなみに中国語で星は「星星」という。月と対比させた、微々たるものの形容である。

「燎原」は、野原を焼くこと。ただ単に焼くだけでなく、燃えさかる意で、日本語の野火の勢いにあたる。

「星星之火、可以燎原」とも言い、わずかな火でもあれば、それが野原を焼き尽くすことができるという意味。『楚辞』に出てくる。

国土建設に向かう中国人が好んでつかう言葉である。一人一人が自覚して立ち上がらなければならない、という願いがこめられている。

広く解釈すれば、最初人に知られないことでも信念をもってよいことを推進していけば、やがて野火の勢いのように多くの賛同者が集まってくる。道のないところでも、人のためになることを努力するならば、きっと多くの人がそこを通るにちがいない、という意味にもつながる。

学而不厭

学んでいとわず。「而」は、そして、その後という意味。あえて訳し出さないほうがいいだろう。学習する態度について述べたものである。特に自分自身で何かを学んでいるとき、もしいや気がさしたら、もうおしまいである。だから、太極拳、八段錦を学ぶときでも、あるいは他の稽古ごとでも、楽しめるように、飽きないように工夫していかなければならない。およそ学習と名のつくことで楽なことはあるまい。自らを励ましながら努力することがたいせつである。

日本で言う「好きこそものの上手なれ」に近いかもしれない。

帥立志師篆刻「舒」

虚心使人進歩

謙虚は人を進歩させるということ。

「虚心」は、謙虚の意。相手を尊敬し、受け入れるゆとりがあるので、「心」の字を当てている。「使人」は、人を……させるという使役の形。

この言葉は、人生にも、何かを学習するときでも非常に重要なものである。人間に謙虚さがなければ、進歩はありえない、という意味である。自分がもう偉くなったと思い込んでは、とても他人の言を聞き入れる余裕がなくなってしまう。これでは進歩も何もあったものではない。広い世の中で、人間は小さい存在である。この小さい人間が、これでいい、もう満足だというならば、その人はもうおしまいである。ちょうど大河の流れに向かって棹さすように、もういいと思ったときは、流されているのである。人間は生命あるかぎり、前進すべきものである。お互いに生命あるかぎり、人を尊敬し、理解することのできるような謙虚さをもとう。

驕傲使人落後

うぬぼれは人を落伍させる。

「驕傲」は、ごうまん、うぬぼれの意。「使人」は、人を……させるの形。「落後」は、隊列からおくれること。

この言葉は、前の「虚心使人進歩」と呼応するものである。しばしば、前と続けて用いられる。謙虚さがなければ進歩しないことを説き、うぬぼれが人を落伍させることを戒告している。謙虚とごうまんをうまく対比させて、人のとるべき態度を示唆した名言である。

私は中伝の免状に、この対句を書いている。

朝気蓬勃

生気はつらつということ。朝のすがすがしく、はつらつとした様を形容した言葉で、意訳して、生気はつらつ、とした。

「気」は、千数百年の間に、日本語と中国語では、たいへん異なった意味をもつようになった。今の中国語の「気」は、日本語の「気になる」（惦念）、または「気の毒」（可怜）の「気」の意味をもっていない。「生気」は、「怒る」という意味をのぞき、もともと日本語と同じ意味だった。「生気蓬勃」「朝気勃蓬」は、日本語と同義である。

毛主席が青年たちに希望を寄せられている言葉の中に、

「……你們青年人朝気蓬勃、正在興旺時期、好象早晨八、九点鐘的太陽……」

（君たち青年は、午前八時、九時の太陽のように生気はつらつとしており、まさに旺盛な時期にある……）とある。

「朝気」の反対の言葉は「暮気」。「暮気沈沈」は、「元気がなく、仕事への意欲をなくし、いつも暗い顔をしている」という意味である。

失敗者成功之母

失敗は成功のもと。

日本のことわざと同じ。中国でも、この古語は盛んに使われている。人間は失敗を恐れてはならず、もし失敗したら、その原因をよく調べて、次にそれを生かす。そこに進歩が生まれる。不屈の精神で物事にアタックすれば、事は必ず成就する意味も含まれている。

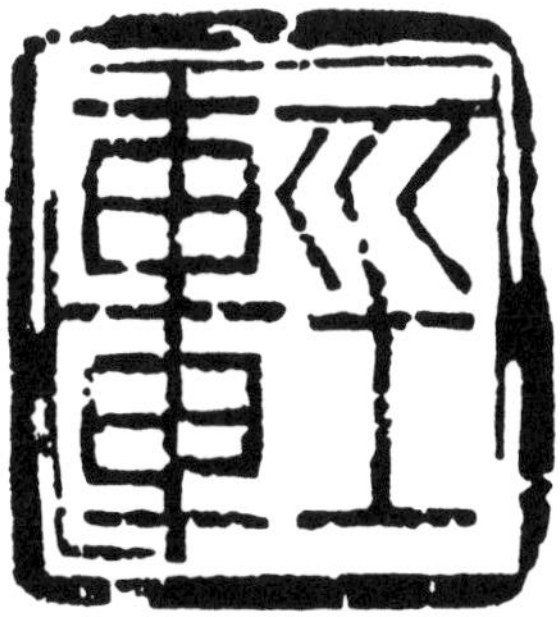

帥立志師篆刻「軽」

吃一塹、長一智

一度つまずけば、それだけ利口になる。

「塹」は、防禦用の堀や溝のこと。穴とか掘るとか、挫折の意味もある。「吃」は、食べる、受け入れる。「長」は、積む、増す、おとなになるなどの意。

人生には一度や二度のつまずきは必ずあるものだ。その苦い思いを、二度と繰り返さないようにするために、人は利口になり、つまずきに教えられるものだ。

以和為貴

和をもって貴しとなす。和を貴ぶということ。

有名な聖徳太子の十七条の憲法の冒頭に出てくる言葉で、太子が治国の根本としたものである。私も大好きな言葉である。

東洋の思想をつきつめていけば、結局この和の精神に帰結する。和らぎの根本は、無私であり、「不《ブウ》存《ツオエン》私《ス》心《シン》」である。人のとるべき理想の世界である。

対人関係が和であれば、お互いに仲よくすることができ、国家間においては、戦争の悲劇がおこるはずもない。人間社会にとって最もたいせつなのは、和である。

太極拳でも、いちばん強調したいのは、やはり和の心である。和は輪に通じ、輪は円運動に通ずる。さらに、腰を中心に手足のバランスをとって動くことのたいせつさを教えている、と解釈することもできよう。

説話和気

言葉づかいはおだやかに、ということ。

「説」は、話すという動詞だが、「説話」となると、話の意になり、名詞としても使われる。「和気」は、和気あいあい、やさしく、おだやかなどの意。なごやかな、むつまじい気分がみちみちている状態をいう。

この言葉は、日常生活においてごく当たり前のことであるが、そのくせ、なかなかできないことである。人と話をするとき、やさしい態度で、おだやかに話し、相手を尊敬し、決していばってはならない。そうすることによってはじめて人と和を結べる。

人と人との和、これが中国人の普遍的な人生哲学だが、中国人にかぎらず、どこの国の人にとっても必要なことであろう。

ちなみに、この言葉は、新中国誕生の原動力となった人民解放軍の「八項注意」の一つである。

柔能克剛

柔能《よ》く剛を制す。弱いものがかえって強いものに勝つこと。

意訳すれば、「柳に雪折れなし」である。

宇宙に陰と陽があるように、小宇宙である人間にも、動と静、虚と実、剛と柔がある。精密にできている人間を長く保つためには、自然に逆らわないで、体を動かすことがたいせつである。人間も動かなければ退化して、短命のもとになる。特に人生の後半には柔らかさがたいせつで、剛に頼ると体をこわしてしまう。生活の中に、円と柔を加えなければならない。

「柳に雪折れなし」のことわざのように、柔軟はたいせつなことである。柳は柔らかいからこそ自然の風雪に耐え、春になると美しい姿を見せてくれる。剛であればポッキリ折れてしまうのである。

体を無理なく円で動かし、心を虚にして心身ともに柔らかくする。心身の調和が得られれば心にゆとりが出て、感情も豊かになり、表情も円満になってくる。

求大同、存小異

小異を残して大同につく、ということ。

「求大同」は、大同を求めること。「大同」は、だいたい同様であること、大勢が合同すること、などの意。「存小異」は、小異を残す意。「大同小異」なら、だいたいは同様であるが、小部分だけが異なっていること。

個々の対人関係、あるいは国家と国家の間でも、すべて同じ考え方、同じ条件というわけではない。しかし、それぞれ異なった立場や体制のなかでもお互いが友好関係をもちたいならば、双方の利益の大前提を目ざし、個々の小さな違う点を残して徐々に解決していくことが最上策だという意味である。まさに故周総理の名言である。

対人関係でも、相手の短所、欠点をあげつらわずに、相手の長所、よさに目を向けるといい、との教訓も含んでいよう。他人の欠点はよく目につくものだが、おうおうにして、自分の欠点には気づかないものである。自己に厳格であり、他人にはやさしくしたい。心したいことである。

謙虚謹慎

謙虚で慎しみ深く、ということ。

「謹慎」は、慎しみ深い意。

これは人生にとって、非常にたいせつなものだが、「謙虚」であってはじめて、他人の言葉に耳を傾けることができ、他の国のことを受け入れて素直に学ぶ気持になれる。

また、「謹慎さ」があってこそ、人間は失敗を少なくすることができる。

帥立志師篆刻「円」

戒驕戒躁

おごりやあせりを戒める、ということ。

「戒」は、戒めること。「驕」は、おごる、ごうまん、「躁」は、あせる意。

人にいばり散らしたり、内心のあせりを戒める言葉。前に述べた「謙虚謹慎」とともに使う。

帥立志師篆刻「正」

人言有信

人の言は信用がなければならない。

「人言」は、人の言葉。「有信」は、信用があること。真実であるべし、という感じがこめられている。

何千年前、「信」という漢字を作った人は、実に頭のよい人であったと思う。この字を分解してみると、ニンベンに言、つまり「信」は人の言葉から成り立っているのである。「信」とは、人をあざむかぬこと、言をたがえぬことが基本である。そこに信用が生まれる。

「言必行」という言葉もある。言ったことは必ず行なう、実行することである。実行できないことを軽々しく約束しないことである。

「信」は、また手紙、たより、という意味にもなる。遠く離れている家族、友人などに一筆したためるときは、やはり真実の吐露でなければならない。

なお、日本語の「手紙」は、中国では「チリ紙」の意味になるので注意しよう。

開門見山

ズバリ言う、ということ。

「開門」は、門を開けること。「見山」は、山を見る。門を開ければすぐ山が見える、という意味は、物事を隠さずに、ズバリ核心に触れることである。

類似語に「単刀直入」「一針見血」（一針で血が見える）がある。

この言葉は、相手と談判するときなど、歯に衣を着せ、遠まわしに言わないで、単刀直入に本題をつくのがよいという意味である。タヌキとキツネのだまし合いのような腹の探り合いよりも、虚心坦懐の話し合いが、よい友人になれる近道である。腹を割って真心をさらけ出せば、相手もしぜんに真実をのぞかせてくれる。人間と人間との触れ合いが、この世を明るく、住みよくする。

推陳出新

古いものの中から新しい考えを引き出す、ということ。

「推」は、おすこと。「陳」は、古い意。「出新」は、新しいものが出る。ここでは、新しい考えを引き出すと訳した。

古いものの中には、たくさんのよいものがある。それを現在に役立たせることが重要だという意味である。

八段錦や太極拳という、古くからの文化遺産の中に、たくさんの宝物が隠されている。歴史の中でみがかれてきた、貴重な、人体実験済みの運動を今に伝え、役立て、さらに大事に育て、受け継いでいかなければならない。歴史の中に、未来を貫くカギが隠されている。

「温故知新」という言葉もある。

「推陳出新」は、故周恩来総理の好きだった言葉である。

「古為今用《クウウエイチンユイオン》」（古いものを今日に役立てる）「洋為中用《ヤンウエイチウインユイオン》」（外国のものを中国に役立てる）という言葉にも同じ姿勢がうかがわれる。

喝水勿忘搾井人

水を飲むとき、井戸掘りの恩を忘るべからず、ということ。

「喝水」は、水を飲むこと。「勿忘」は、忘れてはいけない意。「搾井人」は、井戸を掘る人のこと。

この成語は、中国の古い重要な語で、自分たちにとって恩義のある人を忘れてはならないと戒めた言葉である。中国人は、昔から信義を尊ぶ民族である。

一九七二年、日中の国交が正常化された時点で、周恩来総理は、故人となられた松村謙三、高碕達之助の両先生、そして覚書貿易に努力し、今も活躍中の古井喜実、渡辺弥栄司氏ら、さらに各方面で日中友好に尽力された方々に、この語を引用して感謝の意をあらわした。そして、同時に、今後も先人たちの意を汲み、いっそう中国人民は日中友好を大事にするという心情を述べられたのだった。

ことが成就すると、人間はとかく開拓に苦労した人のことなど忘れがちである。心しなければならない。

推己及人

わが身をつねって人の痛さを知れ、ということ。

「推己」は、自分を推しはかること。「及人」は、人に及ぼす、思いやること。日本の格言を当ててみた。

『論語』にも、「己の欲せざる所は人に施すなかれ」と、同じような名句がある。

人間は、ややもすると自分のしたくないことを他人に押しつけたがるものだ。しかし、これではいけない。自分がいやなものは、他人もいやに決まっている。だから、相手を、他人を大事にする心がまえが必要である。そうすれば、相手も、他人も自分を大事にしてくれる。これが真の人の道である。

「我為人人《ウオウエイレンレン》」である。相手から、他人からの見返りを期待するのではなく、まず、自ら相手に、他人のために努力することである。

欲罷不能

やめんと欲すれどもあたわず。

「欲罷而不能」とも書くが、かつて中国語を教える学校で教師をしていたとき、黒板の横に掲げられていたのを、よく覚えている。

太極拳も長くやれば、やめようとしてもやめられなくなる。理屈以上のものだ。そうなったら、生活の一部になる。単に健康によい、美容によいだけでなく、心が豊かになったり、考え方が深くなったりする。ということは、人間がこの複雑な世の中を生きていくうえで、いろいろなことが理解できるような体と頭脳ができてくることにもなる。

四方八方に神経を配ることは、なにも武道だけが必要なのではない。病気から身を守り、闘わずに勝つことができたら理想である。

ゆっくりした中で、かたさがない、しかも、敏捷さを含む太極拳は、同時に他人と仲よくやっていける柔軟さも身につけることができる。柔らかいものは寿命が長いのである。

復刻にあたって

本書は、文化出版局から、一九八〇年十二月十四日に、第一版第一刷が発行された。内容の一部をさしかえて、一九八七年八月七日に、第二版第一刷を発行、以来増刷されていたが、残念ながら増刷されにくい状勢となり、絶版となっていた。

しかし、楊名時太極拳が広まるにつれ、楊名時太極拳の心、理論を説いた本として、本書の評価は一層高まるようで、ぜひ読みたい、読ませたいとの声が強くなった。そこで、文化出版局の了解を得て、有限会社楊名時事務所から復刻刊行することにした。

本書が末長く読みつがれていってほしいと、心から願っている。

一九九九年朱夏

楊 名時

本書は一九八〇年十二月に文化出版局（第一版第一刷）、一九九九年九月に楊名時太極拳事務所（第二版第四刷）より刊行されたものです。

此《これ》ぞこの太極拳の真髄《しんずい》

帯津 良一

この本のあとがきを依頼されたとき、とても好い本だからという楊慧《ようけい》先生の一言が一陣の清風《せいふう》を運んでくれたものであるが、読みはじめてまもなく、杜牧《とぼく》の〝清風故人《こじん》来る〟とばかりに、敬愛してやまない楊名時先生が眼前に現れたのである。

そして間髪《かんはつ》を容《い》れず、楊名時先生と二人で杯を交わした、あの楽しくもさわやかな日々が一気に蘇《よみがえ》ったのである。先生はまさに酒飲みの達人。いっしょに飲んでいるだけで、瑞気満堂《ずいきまんどう》。共有する場のエネルギーが弥《いや》が上にも高まって来るのである。

話の内容によるものではない。他人の悪口《わるくち》は言わない。テレビや新聞を賑《にぎ》わせている出来事にも一切触れない。太極拳の太の字もなければ、中国の古典も滅多には登場しない。では何を話しているのか。後で思い出そうとしても何も残ってはいないのである。それにしても、あの場のエネルギーの高揚の所以は何なのか。これが長らくの謎だった。

この謎が本書を読んで忽然と氷解したのである。その由って来る《きた》所以は『太極拳のゆとり』のすべてを内蔵している楊名時先生の存在そのものだったのである。

鑑真和上《がんじんわじょう》に対する先生の思い入れの深さは並ではないと思っていたが、その経緯まではわからなかった。それが本書のなかの、
太極拳の中に鑑真和上の心を生かしたい。

日中文化交流に命をかけた心強い信念を学びたい。

そして、
鑑真和上の心を大事に、不屈の闘志を学びながら、太極拳というすばらしいものを信じて、皆さんといっしょに歩んでいきたい。

という件《くだり》に接して大いに理解することができたのである。

さらに太極拳の起源にしても『太極拳経《たいきょくけんけい》』の解説にしても、じつに簡にして要を得ている。諸説があるとしても、これなら頭にすっと入って来る。これを以てわが説としたい。

そして稽古の要諦も、
内外相合　内は精神、外は肉体。

鬆腰円dang　腰をゆるめて襠を円くする。

含胸抜背　胸をゆったり背はのびのび。

呼吸自然　呼吸を忘れる呼吸がいちばん。

分清虚実　虚実をはっきり。

とまさに詩歌《しいか》の境地。

そして最後は行雲流水。太極拳の妙は「行雲流水」のように最初から最後までとどまるところのない動き、つまり套路にあるという。以て瞑すべしとはこのことである。

楊名時先生と同じ時代を生きたことこそ無上の幸運と感謝していたが、本書を得て先生と酒を酌み交わした日々が掌中《しょうちゅう》の珠《たま》のように思えて来た。併せて、太極拳精進のための座右の書として本書を遍《あまね》く弘めたいと思っているのである。

よみがえる太極拳の名著

中野　完二

日本に八段錦や太極拳を定着させた大恩人、楊名時先生のご著書『太極拳のゆとり―柔らかく静かに―』は、一九八〇年十二月十四日に、第一版第一刷が、学校法人文化学園文化出版局から発行された。『太極拳のゆとり』は、最初に文化出版局が世に問うた『太極拳―中国八億人民の健康体操―』（一九七一年十二月一日、第一刷発行の新書版シリーズ「レモン新書」の19冊目の本だった。『太極拳のゆとり』は『改訂版太極拳』『新装版太極拳』と書名も、定価も変わったが、今なお現役で、多くの人々に愛好されている）のように、動作の説明などを写真をたくさん使った本とは違って、太極拳の心、太極拳の真髄を、文章を中心に、やさしく解いた本として、発売以来、読者の方々の評価は高かった。

私は、文化出版局の編集者として、一九七一（昭和46）年三月頃、楊名時先生、楊名時太極拳に接し、師事した。以来、五〇年近く楊名時太極拳を学び、楊名時先生の本を、『写真版太極拳』『英語版太極拳』など何冊も出させていただいた。編集者でよかったと思う。

『太極拳のゆとり』に戻る。『太極拳のゆとり』は、一九八七年八月七日、第二版第一刷を発行し、以来たびたび増刷されていたが、その後、残念ながら増刷されにくい状況となり、絶版となっていた。絶版のままでは惜しいという声が強まり、有限会社楊名時太極拳事務所から一九九九年九月、復刻刊行された。二〇〇二年二月十五日には、第二版第六刷が発行されている。

その『太極拳のゆとり』が、今年二〇一九年三月には、株式会社新星出版社より、装いを新たにして、新しい出発をすることになった。通算すれば、『太極拳のゆとり』第三版にあたることになるが、第二版発行書の「はじめに」で、楊名時先生はお書きになっている。

「楊名時太極拳を支える理論編、心を説いた本として末長く読みつがれていってほしいと願っている。」

まさに、心を重視する、活字が中心の本を著した楊先生のお志のように、これからも長く読みつがれていってほしいものである。

特に、太極拳を愛好する指導者はもとより、あらゆる人々に一読をおすすめしたい。

『太極拳のゆとり』が王宗岳の著述と伝えられる「太極拳経」について詳述し、原文、読み下し、語釈、大意について、やさしく解説されているのは、特記すべきことだ。一九七〇年四月、楊名時先生編訳の書『簡化太極拳』（向陽社刊）以来の「太極拳経」解説が、より心に沁みこむようだ。

復刊に感謝して

楊　慧

『太極拳のゆとり―柔らかく静かに―』は、楊名時師家の思いを伝える書として評価が高いものながら、最近は入手できない状況が続いていていました。二〇一七年の日本健康太極拳協会総会では「ぜひ復刊してほしい」という皆様の熱い要望をいただき、この度初版からほぼ40年を経てリニューアル版として再びお届けできる運びとなりました。本書の復刊にあたり多くのご助言、あとがきをお寄せいただいた帯津良一先生、中野完二先生、各方面との橋渡しや編集をしてくださった齋藤須美子さんをはじめ、本書の復刊にご尽力くださったすべての方々に厚く御礼申し上げます。

今回の出版元は新星出版社ですが、偶然にも同社の役員の方が大学生のときに、大学講師だった父から中国語を習ったことがあったそうで、「楊名時先生の本は、私のところで出さなければ」とご快諾をいただきました。父亡き後もこうした良いご縁がつながっていることに感動しています。

楊名時太極拳にかけた師家の想い、その理論や解釈を後世につなぐ古典的教本のひとつとして、本書がいつまでも読み継がれることを心より願っております。

著者
楊 名時（よう めいじ／Yang Ming-Shi）
1924年、中国山西省五台県古城村生まれ。幼少の頃から太極拳ほか中国武術を学び、官費留学生として日本に留学。京都大学法学部政治学科卒業後、東京中華学校校長を経て、大東文化大学などで中国語を教える。1960年、楊名時八段錦・太極拳を創始。
大東文化大学名誉教授、中国山西大学名誉教授、日本空手協会師範、空手七段。特定非営利活動法人日本健康太極拳協会（楊名時八段錦・太極拳友好会）最高顧問。
2005年7月3日逝去。

太極拳のゆとり

2019年 3月25日 初版発行

著者 楊 名時
発行者 富永靖弘
印刷所 株式会社新藤慶昌堂

発行所 東京都台東区台東2丁目24 株式会社 新星出版社
〒110-0016 ☎03(3831)0743

ISBN978-4-405-08698-2